江苏省高校哲学社会科学研究一般项目（2019SJA0479）研究成果

# 行政伦理视角下
## 行政作风的演变及路径探索

邹姗珊　著

江苏大学出版社
JIANGSU UNIVERSITY PRESS
镇　江

**图书在版编目（CIP）数据**
行政伦理视角下行政作风的演变及路径探索 / 邹姗姗著. -- 镇江 : 江苏大学出版社, 2024. 12. -- ISBN 978-7-5684-2416-5
Ⅰ. D63
中国国家版本馆CIP数据核字第2024XY4965号

**行政伦理视角下行政作风的演变及路径探索**
Xingzheng Lunli Shijiao Xia Xingzheng Zuofeng De Yanbian Ji Lujing Tansuo

著　　者/邹姗姗
责任编辑/张　冠
出版发行/江苏大学出版社
地　　址/江苏省镇江市京口区学府路 301 号(邮编：212013)
电　　话/0511-84446464(传真)
网　　址/http://press.ujs.edu.cn
排　　版/镇江文苑制版印刷有限责任公司
印　　刷/苏州市古得堡数码印刷有限公司
开　　本/890 mm×1 240 mm　1/32
印　　张/7
字　　数/172 千字
版　　次/2024 年 12 月第 1 版
印　　次/2024 年 12 月第 1 次印刷
书　　号/ISBN 978-7-5684-2416-5
定　　价/60.00 元

如有印装质量问题请与本社营销部联系(电话：0511-84440882)

# 前 言

行政作风是政府管理者道德修养和思想境界的总体体现，一直是学术界广泛关注与讨论的焦点。行政作风代表政府形象，是政府公信力的生命线，直接影响到社会的和谐稳定与民众的福祉。党的十八大以来，以习近平同志为核心的党中央高度重视行政作风建设，不断深化对作风建设内在规律的探索与认识，全面扎实推进作风建设，取得了明显的成效。党的二十大之后，党中央深刻把握作风建设的新形势、新任务、新要求，持续落实中央八项规定精神，科学精准整治作风顽疾，激发党员干部工作动力，以作风建设新成效为新征程保驾护航。当前，我国已进入全面深化改革时期，公众的思想意识、道德观念及价值取向都在经历一个深刻改变的过程，行政作风也随之不断演变和更新，而行政伦理作为其中的核心要素，引领着这一演变的方向。

本书从行政伦理的视角出发，首先基于政府的定位确定行政作风的价值导向；其次以政府管理模式为轴线，基于统治行政、管理行政及服务行政三种治理模式深入剖析行政作风如何游离出视野、被寻求、被迫切需要等整个演变历程；最后结合中国语境对行政作风建设进行历史阶段性分析，探索出优化行政作风建设的伦理途径。本书运用政治学、行政学、伦理学、管理学、教育学等跨学科的研究方法，揭示了行政作风演变的内在逻辑与规律，有助于深化人们对行政作风演变规律的认识，为未来的行政作风建设提供理论支持。同时，本书提出的行政作风建设的未来发展方向与可行性伦理途径，可以为政府相关部门的决策提供参考依据，激发行政人员的积极性和创造力，提高其工作效率和执行力，推进其行政行为的规范化、透明化和高效化，提升公众对政府的信任度和满意度。

在本书的撰写过程中，我广泛搜集了大量国内外关于行政伦理与行政作风的研究成果，并结合我国当前实际进行了深入分析和探讨。本书试图通过对历史的回顾，对现实的考察，以及对未来的展望，分析当前行政作风存在的问题与面临的挑战。同时，我期望本书能够为读者提供一个新的视角，使其能全面深入了解行政作风从游离视野到兴起发展的演进过程，也为行政人员提供一份有价值的参考与指导。

最后，我要感谢张康之教授对本书框架结构提出的宝贵建议，感谢程倩教授对本书研究思路和方法进行的细致指导，他们的建议如同灯塔的光，照亮了我前行的道路，使我在研究过程中少走了许多弯路。同时，我要感谢所有在本书撰写过程中给予我帮助和支持的人，包括我的家人、朋友、同事，以及学术界的前辈和同仁，他们的鼓励与支持，让我克服种种困难，最终完成本书的撰写。也期待广大读者能够对本书提出宝贵的意见与建议，以便我不断改进与完善。

邹姗珊

2024 年 9 月

# 目　录

# 第一章　绪　论

## 第一节　选题的背景及意义

行政作风是行政人员及组织在工作、生活中表现出来的一贯的态度和行为，是其道德修养和思想境界的总体体现。行政作风关系到政府职能的转变目标是否能够顺利实现，是政府公信力和行政能力的实质表现，也是群众评价政府的重要指标。随着改革开放的不断深入，我国社会利益主体日益多元化，道德价值观念也随之多样化，行政工作仍然存在许多危机，如形式主义、官僚主义、享乐主义和奢靡之风的蔓延。当政府个别事件通过网络传播逐渐成为舆论焦点时，就可能引发公众对政府整体形象和公信力的质疑，甚至导致群众性不满或信任危机。因此，行政作风建设已然成为转变政府职能、提升政府公信力道路上亟待解决的重要问题。

行政作风的优劣直接决定了行政效能的高低，影响依法行政的执行力，关系到社会的稳定与和谐社会的构建，因此政府一直都高度重视并积极推进行政作风建设。尤其是党的十八大以来，以习近平同志为核心的党中央高度重视行政作风建设，不断深化对作风建设内在规律的探索与认识，全面扎实推进作风建设，取得了阶段性进展和明显的成效。中共十八届五中全会提出，“深入推进党风廉政建设和反腐败斗争，巩固反腐败斗争成果，健全改进作风长效机制”。党的十九大报告中强调，“推进作风建设必须坚持以人民为中心”。党的二十大报告中对新时期作风建设提出了新要求，强调“锲而不舍落实中央八项规定精神，抓住‘关键少数’以上率下，持续深化纠治‘四风’，重点纠治形式主义、官僚主义，坚决破除特权思想和特权行为”，“推进作风建设常态化长效化”。党的二十届三中全会明确提出，“健全不正之风和腐败问题同查同治机制”。在全球化、后工业化的进程中，我国已进入全面深化改革时期，在多元、互动的治理格局下，公众的思想意识、道德观念及价值取向都在经历一个深刻改变的过程，行政人员道德失范现象仍时有出现。与此同时，行政作风的部分问题具有复杂性、顽固性和反复性等特性。因此，行政作风建设永远在路上，没有休止符，是中国特色社会主义伟大事业的重要组成部分。

中国共产党是执政党，应承担起历史使命和任务，将党的宗旨和原则贯彻于行政之中，行政作风建设已成为党的执政要求。由此可见，行政作风是执政理念的产物，是思想意识的反映，是道德修养的展示，是工作风格的体现。行政作风是一个执政党的风向标，行政作风的优劣直接影响着政府与群众关系的亲疏，决定着政府信誉的好坏，良好的行政作风是群众对执政者最基本的要求。行政作风研究是根据行政工作的要求、特点及行政作风的问题、弊病等，围绕服务型政府理念，针对行政人员及组织提出或构建的一系列创新性分析和研究。因此，贯彻以人民为中心的群众路线，加强行政作风建设，是增强政府执政能力的必然要求，是新的发展形势赋予政府的使命。

行政作风建设是继承、弘扬和践行党的优良作风的时代诉求。在当前形势下，中国共产党既要领导和推动全国范围的社会变革，又要使各项行政工作主动转变以适应社会变革。同时，行政组织的人员构成以共产党员为主体，优良的党风可以促进行政作风建设，两者的内容和要求在根本上具有一致性，可以相互促进。中国共产党一贯与时俱进，继承和发展党的优良传统作风，高度重视作风建设，作风建设与思想建设、组织建设、反腐倡廉建设、制度建设一并构成党的“五大建设”。当今中国社会正处于社会转型、体制重构和经济发展方式转变的重大历史转型时期，面对错综复杂的环境，我国的公共行政变得异常复杂，政府管理过程的非程序性、非确定性及可能带来的高风险性更加凸显。由此衍生的社会问题、矛盾及管理盲区，均对行政作风提出前所未有的挑战。这要求政府勇于探索、敢于创新，行政作风建设既要高度契合党的优良传统作风，又要高度适配行政作风的特点和完整的理论体系。行政作风建设必须在继承、弘扬和践行党的作风建设中创新发展，认清行政作风和党的作风的关系成为全面推进并深化行政作风建设的时代命题。

行政作风建设是构建社会主义和谐社会的重要保证。构建社会主义和谐社会是一个系统工程，涉及经济、政治、文化、社会等诸方面。行政作风建设是社会主义物质文明、政治文明和精神文明建设的重要促进力量，也是构建社会主义和谐社会的一条重要渠道。人民群众看社会是否和谐，不仅看政策是否代表人民的根本利益，更直观的是看行政作风是否端正，政府是否为人民办实事、办好事。和谐社会并不是没有矛盾的社会，改革涉及各方面利益的调整，必然会带来一些矛盾，这些矛盾需要在经济社会的全面发展中把握和解决。加强行政作风建设有利于维护社会公平正义，理顺群众情绪，消除社会不和谐因素，是构建社会主义和谐社会的题中应有之义和重要组成部分。历史经验显示，政府只有处理好与人民群众的关系，社会才能和谐、稳定，反之社会就会缺乏活力。行政作风代表政府形象，是政府公信力的生命线，是群众满意度的重要影响因素。加强行政作风建设，建立新形势下密切的政府与群众关系，才能更好地推动社会主义和谐社会建设。

随着改革开放的深入和社会主义市场经济的发展，全能型的政府已经无法满足现代社会发展的需要，社会治理体制面临着一系列重大社会变化的挑战。综合世界各国发展的共同趋势，多元、互动的治理格局是社会发展到一定程度的必经阶段。党的十八届三中全会首次提出推进国家治理体系和治理能力现代化，同时提出“创新社会治理体制”的执政理念。党的二十大报告中强调“建设人人有责、人人尽责、人人享有的社会治理共同体”，引领社会治理的理念创新、体制创新和方式创新。党的十九届四中全会提出“健全党组织领导的自治、法治、德治相结合的城乡基层治理体系”，“完善共建共治共享的社会治理制度”。共建共治共享的社会治理制度是不同的主体在党的领导下，以政府为主导，人民共同参与社会建设，共同参与社会治理，共同享有治理成果的社会治理制度，是政府、市场、社会三维框架下的多中心治理模式，实现政府管理模式从统治行政模式转向管理行政模式，再到正在兴起的服务行政模式。随着经济全球化和文化多元化趋势的深化，形式主义、官僚主义等行政作风问题频繁出现，服务行政对政府的执政能力和执政素质都提出了极高的要求。这要求行政人员的行政行为应当以满足人民的需求和利益为出发点和落脚点，确保其合法性、合理性和公正性，促进国家长治久安。行政人员作为公众利益的代表，在权力行使过程中为了确保行政管理活动的公正、透明和高效，需加强自身修养，提高道德自律能力，遵循更高的道德准则，健全行政人格，改善行政作风。

在这一具有高度复杂性、不确定性的社会变革中，行政作风建设在理论与实践上都需不断探索，没有现成的模式可借鉴，政府唯有通过不断加强建设，提高自身执政实践经验和素质，才能提高抵御风险和拒腐防变的能力，提高政府的公信力。本书的研究内容是在行政伦理的视角下，基于政府的定位来确定行政作风的价值导向，以政府管理模式为轴线，以行政学的发展过程为基础对行政作风演变进行理论分析，结合中国国情对行政作风建设进行历史阶段性分析，探索优化行政作风建设的伦理途径。本研究从行政伦理视角追寻行政作风形成的理论渊源，为行政作风建设提供了理论支撑，对优化行政作风、建立行政作风建设长效机制、提升政府公信力有重要的理论意义。同时，本研究力促公共行政学、思想政治教育学等相关学科的有机结合，在拓展研究的理论视野中进一步推动学科建设的新发展。

## 第二节　研究现状与研究综述

行政作风是政府公信力和行政能力的体现，是行政人员必须遵循的行为准则。随着我国政府改革实践的推进，行政作风问题被列入国家战略决策议程，作为一项重要的永恒课题。党和政府的关注也引发了学界的持续、高度关注，理论界掀起了一股行政作风相关研究的热潮。

### 一、国内研究的学术进展

新中国成立以来，行政作风建设一直备受党中央的高度重视，“行政作风”议题也从实践中被带入中国学术语境进行研究。尤其是改革开放之后，行政作风问题不仅引起了政府的关注，也引起了学界的极大兴趣，相关研究成果不断涌现。经查阅发现，以“行政作风”为关键词的研究成果主要集中在2001—2018年，2004年其成果数量达到顶峰。以“政府作风”为关键词的研究成果出现得较早，其数量总体呈平缓上涨趋势，在2013年达到顶峰，有取代关键词“行政作风”的趋势。以中国学术期刊网络出版总库（CNKI）的海量资源为基础，对“行政作风”和“政府作风”进行关键词搜索的结果显示，对“行政作风”的研究从1967年开始，大量的研究集中在1997年之后。1997—2004年，学术关注度呈总体上升趋势。其中，2007、2013、2014和2018年都是阶段性成果突增的年份。从媒体关注度来看，上述4个年份的环比增长率普遍较高，这也表明其发展轨迹会受到国家政策导向和现实实践改革的影响。党的十七大提出“深入推进作风效能建设”，彰显了行政务实作风，同时从中央政府到地方政府进行政府行政改革，强调改进工作作风。党的十八大之后，党中央开始对加强党的作风建设进行部署，从中央八项规定到纠“四风”和“三严三实”，作风建设从立规、践行向纵深发展。党的十九大强调，纠正“四风”不能止步，作风建设永远在路上。这恰好与该4年“行政作风”学术关注度及相关成果突增的发展态势相契合，一方面显示了我国行政作风研究具有鲜明的政策导向特征，另一方面也显示了学术界积极响应国家需求、服务社会发展的责任意识。

截至2024年9月，在CNKI中，以“行政作风”“政府作风”等为主题词，剔除书评、短讯、报纸刊文及其他非学术论文后，获得样本172篇。2000年之前政府作风的相关学术成果均为2篇以下且非常零散，真正连贯性的文献产出发生在2000年之后；行政作风的相关学术成果则从2001年才开始产出。2000年，“服务型政府”概念在中国语境下被提出和阐发，之后引起学界的广泛关注。2002—2018年，政府作风和行政作风的产出量为134篇。其中，2003、2004、2013、2014和2015年的学术成果都突破了两位数，2013年达到顶峰，学术成果达19篇，随后呈下降趋势，在2018年又开始上涨。从发文的类别上看，与政府作风、行政作风主题相关的硕、博士论文分别为7篇、9篇，除河北师范大学程启学的一篇博士学位论文《中国特色社会主义行政文化建设研究》外，其余均为硕士学位论文。其中，共14篇被引用，两主题论文被引用的最高频次分别为14次和8次，且引用的区段主要集中在2013、2015、2017、2018年等年份，这与这些年份出现较高的文献产出量是完全吻合的，也进一步印证了学界对行政作风的极大关注。随着服务型政府的构建，尤其是党的十八大以来，党中央高度重视行政作风建设，政府作风与行政作风的研究也呈现出理论探索和实践发展交织互错、交相映射的态势，已然成为中国行政学界最广泛、最具影响力的题域。

截至2023年，在国家图书馆以“行政作风”为关键词检索，可获得书籍18本。其中，年份比较早的书有1945年黎玉的《民主思想民主政策民主作风》和1953年苏联华西里耶夫等的《论苏维埃国家机关工作中的布尔什维克作风》；出版相关书籍最多的年份是2014和2015年，各有3本；1998、2001、2003、2004、2008、2011、2017、2021、2022、2023年各有1本。这些书的内容主要有党风建设、机关作风建设和思想作风建设三大类型。有关党风建设的书占据了绝大部分，其内容主要围绕党的十八大以来党风廉政建设、习近平总书记一系列重要讲话精神和党的群众路线等展开。有关机关作风建设的书籍则主要是结合实际示范区域或者具体的岗位来探究机关作风建设，如《抓作风》是结合沈阳市和平区打造国际化营商环境示范区的实践，提出具体作风建设建议。有关思想作风建设的书则主要强调思想作风与核心价值观、思维方式、领导魅力之间的关系等，提出思想作风建设的具体途径。

为对行政作风有更为直观的了解，本研究对检索的样本进行了规范化处理，将数据导入科学计量软件CiteSpace中，运用其可视化分析工具，绘制科学知识图谱，对关键词、作者、机构进行了聚类分析。在该领域研究最为前沿的关键词中，“领导干部”“人民群众”“密切联系群众”位居前三位，可以说，这是建设服务型政府的本质——如何处理好政府与群众之间的关系，即“权为民所用，利为民所谋，情为民所系”的执政理念在学界的回应。“批评与自我批评”“精简会议”“反对形式主义”“群众监督”“审批制度”等有关具体措施的关键词也频繁出现，频次都在 5 次之上，这也与党的十八大后通过中央八项规定、纠“四风”和“三严三实”等具体要求来加强作风建设的时代背景相吻合。

从发文作者来看，刘祖云、高小平、胡晓东、周定财位居前列，尤其是刘祖云教授，其发文量“独占鳌头”，达到 6 篇，其余学者的发文量基本为 1~2 篇。由此可见，以前期成果为基础，后续研究持续跟进的发展态势已初见端倪。其中，俞慈珍、叶贵仁、彭国甫、潘信林、董石桃等学者的成果被下载次数和被引用次数都很高，有较大的影响力。从发文的核心机构看，高校及党校的发文量占比 85%以上，处于统摄地位。其中，南京农业大学公共管理博士后站、国家行政学院、华东师范大学位居前三甲；苏州大学、湘潭大学毛泽东思想研究中心、中国行政管理学会、湖南行政学院、华南理工大学、福州市委党校等都是后起之秀，表现也很突出。这些数据一方面说明高校是行政作风研究的“主阵地”；另一方面也反映出以刘祖云教授为代表的公共管理学者对该领域持续关注，越来越多的研究成果涌现出来。

为了从阶段上对行政作风有更为详细的描绘，以全面把握其发展轨迹，笔者再次对上述查询获得的 172 篇样本进行引用性分析，发现“政府作风”“行政作风”主题被引用的文献数量达到 109 篇，其中被引频次在 5 次以下的 45 篇，被引频次为

5~9 次的分别为 14 篇，被引频次为 10~19 次的分别为 3 篇，被引频次为 20~29 次的分别为 1 篇，被引频次为 30 次及以上的为 0 篇。这说明，虽然理论界对政府作风和行政作风问题给予了高度关注，形成了较为浓厚的学术氛围，但真正有影响力的研究成果并不多。这恰恰说明行政作风研究有着巨大的理论提升空间，且该领域的学术认同和学术影响力有待提升。总体而言，媒体、用户对这一学术领域的关注度逐渐提升，此后将迎来相关研究的繁荣期。

## 二、国内外研究综述

对行政作风的演变与优化的研究，离不开对国内外学术界关于行政作风各个层面、各个维度研究成果的吸收与借鉴。文献资料显示，行政作风研究是一个广泛而深入的领域，行政作风建设研究成果总体较多，但由于背景不同，国内外学者在研究偏向上有较大差别。

### 1. 国内研究综述

对行政作风与政府作风两者的研究相对接近，因此在文献综述研究中，以“行政作风”“政府作风”为检索词进行分析。

国内学者对行政作风内涵的研究一直存在争议，尤其是对研究主体和范围的争议较大，依据研究对象不同，对其内涵的界定也有很大差别。如行政作风应定义为国家行政机关、国家立法和国家司法机关还是国企及服务性行业的工作作风①。一般而言，行政作风有广义和狭义之分。广义的行政作风指国家政权机关的作风，包括立法、行政及司法机关；狭义的行政作风则专指国家行政机关的作风，即政府及其公务人员在行政活

① 王贵祥．转变政风问题探究［C］//吉林省人民政府办公厅、吉林政报编辑部．政府改革与行政能力建设研讨会论文集：2005 年．2011：82-84.

动中所形成的具有一贯性的态度和言行，通常表现为政府及其人员的精神面貌，或机关、部门的风气、氛围①。在行政作风内涵研究中，学者们从不同的学科及视角对其进行了阐述，如从行政伦理角度来界定。其中，最具有代表性的是张康之教授在《行政伦理学》中的阐述，他认为行政作风本质上就是行政人员的工作作风，是行政人员在行政管理活动中所表现出来的，体现了行政管理活动的特征、行政道德要求和行政文化理念的一贯态度和行为风格②。

新中国成立以来，政府制定了一系列法律制度，采取了种种措施加强行政作风建设，取得了一定成效。但现实离其建设目标还有一定的差距，形式主义、官僚主义等现象仍然存在。随着改革开放的不断深化和社会主义市场经济体制的逐步建立，行政作风随着国际国内形势的变化而改进，但服务宗旨不变，主要内容也不会改变。这些内容的概括可用于指导具体工作，确定行政作风建设的内容和方向。根据社会主义国家对行政道德的要求，行政作风主要包括理论联系实际、密切联系群众、解放思想、实事求是、为人民办事、严格自律③。

1988 年，时任国家总理李鹏在新一届国务院全体会议上提出新的政府要继承和发扬好传统作风，同时应该有新的作风。国内学术界从此开始对行政作风进行更深入的研究，历经 30 多年，行政作风研究呈现出理论探索和实践发展交织互错、交相映射的对应态势，且呈现出阶段性特征。

---

① 杨跃锋，吴琦．“政风建设”研讨会综述［J］．中国行政管理，2002（11）：15-16.

② 张康之，李传军．行政伦理学教程［M］．北京：中国人民大学出版社，2009.

③ 周洒琴．试析国家公务员的行政作风［J］．湖南行政学院学报，2001（2）：55-56.

（1）1988—2007年，以制度和伦理视角研究为主的理论探索时期

在社会主义现代化的新发展阶段，政府经济工作取得积极成效，但行政作风存在的各种问题和弊端导致群众对政府信任度递减。2001年9月，党的十五届六中全会召开，提出“推进制度建设”是加强和改进党的作风建设的指导思想和总体要求之一。作风是制度的外在形态和表象，制度比作风更接近本质。行政作风是态度和行为风格，是行政伦理的范畴，研究行政作风必须在伦理的框架下进行。这一时期，学界以制度和伦理为视角，从作风问题的表象出发，挖掘问题根源，提出具体改革措施。

行政作风总体形势是好的，但在市场经济不完善的条件下，也受到严峻的挑战。学界从典型案例入手，将复杂的行政作风现象进行归纳总结，认为其问题主要表现为教条主义、形式主义、官僚主义、弄虚作假、独断专行、贪污腐败等①。2003年，中国行政管理学会召开的政风建设研讨会对行政作风问题的主要表现进行了详细讨论，并将因循守旧、缺乏创新、执法不公、徇私枉法、公款消费、奢侈享乐等也纳入其中②。这一阐述道出了行政作风问题的症结所在，为进一步揭示行政作风问题产生的根源提供了有益的分析途径。

关于行政作风问题的根源，学界以治理理论为框架，围绕行政管理体制、公务员素质、官本位思想等层面展开分析。汪勤永和李玮从制度层面分析根源问题，揭示出激励机制、领导制度、监督制度等的制度缺陷，提出坚持行政作风应以实现群

① 汪勤永. 论政府作风转变中的制度建设［J］. 行政与法，2004（8）：17-20.

② 杨跃锋，吴琦. “政风建设”研讨会综述［J］. 中国行政管理，2002（11）：15-16.

众利益为出发点，以行政人事制度和领导制度为着力点①，完善对公共权力强制制约的监督制度②。彭兴业从官本位意识、行政管理体制、领导干部职务终身制、管理制度和公务员素质五个角度详细阐述了行政作风问题产生的根源，认为改进行政作风的关键是治理官僚主义，以“三个代表”重要思想为指导，加强民主政治制度建设，完善政府职能，依法行政，推行政务公开，完善用人机制、公共预算约束机制和监督机制，加强教育培训等，多管齐下，改善行政作风③。各地方政府及各行业结合自身特点，也纷纷追寻作风问题存在的客观原因及管理问题，如江华安揭示出临高县土地矛盾尖锐、财政管理混乱、市场秩序不规范等现状背后个人主义滋生蔓延、以权代法、目无群众、以权谋私等根源问题④。

在张康之教授提出服务型政府概念之后，行政学界对服务行政模式做出了系统探讨，许多学者通过阐述行政作风表象，分析行政管理公共特性，以价值与理念为切入点，结合时代背景，从制度层面上提出了创新性建议。冯静基于经济全球化背景，提出通过转变政府职能、转变工作作风、改进管理方式、建立服务型管理体制的方式来推进行政作风创新⑤。高小平认为，行政作风建设必须以行政管理体制改革为契机，转变政府职能，精简机构，建立决策、执行、监督适当分开和相互协调的机制⑥。杨跃锋和吴琦则将制度明细化，认为应该改革和完

① 汪勤永. 论政府作风转变中的制度建设 [J]. 行政与法，2004 (8)：17-20.

② 李玮. 加强制度建设　促进政风转变 [J]. 江淮法治，2005 (4)：33-34.

③ 彭兴业. 治理官僚主义　改进行政作风 [J]. 新视野，2002 (3)：39-42.

④ 江华安. 结合临高实际　改进政府作风 [J]. 今日海南，2001 (11)：18-19.

⑤ 冯静. 经济全球化对政府管理创新的要求及对策 [J]. 中国行政管理，2002 (12)：35-37.

⑥ 高小平. 加快行政管理体制改革　促进政府作风建设 [J]. 新视野，2007 (6)：45-47.

善干部人事制度、行政审批制度、公投制度、听证制度、政府采购制度、群众评议制度等相关制度，建立政风建设评议机制。汪永成建议推行“高官问责制”，通过加强政府问责性与有效性，进而提高公众对政府施政的满意度，推进行政作风建设①。制度创新需要建立在监督、民主、法治的基本准则之上，监督保障廉政，取得执政合法性的制度认可和技术支持；以民主保障民治，实现公共管理合法性的现实形态和政治支持；法治维护民主和监督②。

这一阶段，部分学者从行政伦理视角出发，侧重研究行政伦理与行政官员道德风险的内在联系，研究如何通过伦理建设改善行政作风建设。只有树立行政伦理观念，提高责任意识，才能改善行政作风，确保行政正义③。而对于现实的行政腐败和政府伦理失范的社会问题，唯一的解决途径是加强伦理建设④，只有这样才能培养行政人员的公共服务精神，建设服务型政府。“修身、齐家、治国、平天下”，在任何时代，行政人员的道德品质与行政作风都密不可分。郭小聪等依据行政伦理规避道德风险的原理，揭示了行政伦理和行政官员道德风险的本质联系，提出通过行政良心、组织伦理规则、伦理立法三项措施来提高行政官员的道德素质⑤。张萃萍则提出将公务员行

---

① 汪永成. 加强政府责任性 提高市民满意度——香港特区“高官问责制”解读［J］. 当代中国政治研究报告，2003（0）：235-246+6.

② 郭济，高小平. 监督、民主、法治：政风建设的制度创新［J］. 中国行政管理，2001（11）：10-13.

③ 孙玉姣. 加强行政伦理建设 推进构建和谐社会［J］. 边疆经济与文化，2007（2）：64-67.

④ 高晓红. 论市场经济条件下的政府伦理建设［J］. 东南大学学报（哲学社会科学版），2003（2）：20-23.

⑤ 郭小聪，聂勇浩. 行政伦理：降低行政官员道德风险的有效途径［J］. 中山大学学报（社会科学版），2003，43（1）：86-90.

政伦理道德建设法治化和高尚信仰的培育等作为公务员行政伦理道德建设的新途径①。

以伦理视角研究行政作风的最大成就者当属刘祖云教授，他基于行政价值评价体系，提出民谣是群众对政府评价的形式之一，对关涉行政作风的民谣进行解读，可以发现行政作风存在的问题，从而加强作风建设②。刘祖云教授从素质与作风的内在逻辑关系的角度出发，认为建设良好的作风要求行政官员“德性素质”和“才能素质”相统一，即应具备思想素质、政治素质、道德素质、业务素质、管理素质和法律素质。其中，道德素质尤为重要，廉洁是公共行政的道德底线③。行政作风建设不仅要求行政官员“德才兼备”，还需着力塑造行政管理“责任形象”“公共形象”等外在形象④。行政作风建设必然需要德法并施，官德建设与作风建设的法治化是必然选择，制度是行政作风建设的有形载体。结合公共行政的新理念与我国传统行政系统的实际情况，刘祖云教授认为当务之急是树立透明行政、服务行政、责任行政和控权行政四大价值理念，并以此为价值基础，着手我国公共行政作风制度化，即以透明行政为价值支撑的政务公开制度、以服务行政为价值支撑的顾客导向制度、以责任行政为价值支撑的责任实现制度和以控权行政为

---

① 张苹萍. 新时期公务员行政伦理道德建设的途径探析 [J]. 江西行政学院学报，2005 (3)：13-15.

② 刘祖云. 民谣：公共行政作风的社会评价 [J]. 汕头大学学报（人文社会科学版），2003，19 (4)：73-80.

③ 刘祖云. 作风与素质：外显与内化的逻辑 [J]. 安徽教育学院学报，2004 (4)：1-4.

④ 余林媛，刘祖云. 素质、作风与形象的内在逻辑——当前行政作风建设的理性思考 [J]. 扬州大学学报（人文社会科学版），2004 (2)：74-77.

价值支撑的权力制约机制①。

（2）2008年至今，以理论与实证研究交相辉映的发展时期

在这一时期，一方面，前期有关行政作风研究的热度及惯性依然不减；另一方面，党的十八大以来，党中央把中央八项规定作为加强作风建设的切入口，全面从严治党，谱写了作风建设的新篇章，这为该领域的研究提供了更大的政治空间和更好的实践基础。学者们在制度和伦理理论研究基础上进一步深化，进行多视角、多层次的理论探索，结合新形势下以电子政务为主要载体的政务服务，提出了提升行政作风建设的新方案。多项课题对南京市、云南红河州等地进行了针对性调研，围绕新时期行政作风的成就、创新性路径等核心问题从各自角度进行了积极的回应，总体上呈现出理论与实践交相辉映的研究态势。

这一阶段，学界在行政作风研究上表现出多元性，围绕着官德、行政效能、权力观等多视角展开。如苏杰认为，行政作风建设的关键是“官德”问题，应建立以“官德”为核心的自律制度和以法制为核心的他律机制②。许松柏基于行政效能等层面，围绕效能建设标准、转变行政观念、加快电子政务建设、建立绩效评估指标等方面，论证行政效能建设对政府作风转变、树立良好政府形象具有重大意义③。黄光远和张继坡基于权力观视角，分析了作风与权力观的直接关系，指出权力应用于为

---

① 刘祖云．制度化：行政作风建设的现实选择［J］．淮阴工学院学报，2004（4）：1-2+22.

② 苏杰．“官德”与政风建设［J］．中国城市经济，2011（29）：337.

③ 许松柏．关于地方政府行政效能建设的思考［J］．中国商界，2008（11）：135-136.

人民服务，加强作风建设必须树立正确的权力观①。

伴随着经济全球化和信息化的进程，电子政务相当程度地改变了政府运作模式和管理方式，数字化政府是现代化治理的新趋势。电子政务不仅提高了政府的行政效率，使政府工作透明化，而且推进了行政作风建设。周定财围绕治理和预防腐败、提高行政效率、打造诚信政府、提高公务员综合素质四个层面，阐述了电子政务的实施和行政作风的改善有助于建立一个廉洁、勤政、务实、高效的政府②。在当前政府职能转变的过程中，学者们结合各级政府进行的行政管理体制改革，借助特定机构或服务对行政作风进行研究。如刘中强以政务服务中心为切入点，通过分析政务服务中心架构、存在的问题和运作方式等，提出政务服务中心建设有利于改善行政作风建设，推进政府管理创新。顾钧对一档节目《问政时刻》进行问政调研，提出“电视问政”可以推动政府工作作风大转变。李慧龙、尉馨元在《走出作风评判：数字政府回应阻滞的多重逻辑——一个“制度—技术—社会”整合性研究》一文中指出，数字治理模式中数字政府回应阻滞问题会引起形式主义，可能出现事实与价值维度双重示范的“回应性陷阱”等问题③，并通过典型案例，从“制度—技术—社会”整合性分析数字政府，回应阻滞的成因及影响因素。此时，地方行政作风的实践研究也迎来热潮。如云南省红河州组织课题调研组对本地政府行政作风进行了调研和考察，对行政作风建设问题做出深入分析，提出了提

---

① 黄光远，张继坡．关于作风建设和权力观的几点思考［J］．长沙大学学报，2008（1）：63-64.

② 周定财．试论电子政务的实施对政府作风建设的影响［J］．办公室业务，2009（4）：46-48.

③ 李慧龙，尉馨元．走出作风评判：数字政府回应阻滞的多重逻辑——一个“制度—技术—社会”整合性研究［J］．电子政务，2025（1）：78-88.

升行政作风建设的路径，即总结有效经验，重视各种典型教育、案例教育，构建有针对性的规章和制度，等等①。

行政作风彰显政府形象，是政府公信力的生命线。叶贵仁、陈燕玲、欧阳航利用中国乡镇民主与治理调查大样本数据，通过路径模型实证分析得出，政府作风转变确实能提升民众对政府的信任，同时能改善官民关系②。行政作风作为影响群众对政府满意度的因素之一，其存在的问题可以从群众中流行的"民谣"中得到反映，还可以从部分官员的"雷人雷语"及"机关病"中得到体现③。将现代绩效管理理论和技术定量运用到作风建设领域的实践被认为是行政作风绩效管理，它对行政作风建设具有科学的评价导向、行为导向和发展导向作用。庄德水通过对行政作风绩效管理价值、实践、问题及策略四个方面进行分析，提出建立廉政测评机制，将绩效管理做法与作风建设相结合，推动行政作风建设向纵深发展④。陈锦昌则认为，应从地方政府的实际出发理出责任清单，着力提高责任清单制度的科学性、程序性、严肃性，以确保责任清单制度促进地方政府行政作风改进常态化的效应得到充分释放⑤。余娴丽、俞慈珍提出，"马上就办、真抓实干"的工作作风为政府提升效能、改进作风、更好地服务人民群众提供了重要方向指引，深

---

① 吕娅莎，蔡云飞，柏斌. 积极探索有效途径推进机关作风建设［J］. 阵地与熔炉，2008（6）：31-37.

② 叶贵仁，陈燕玲，欧阳航. 乡镇政府作风转变如何影响政府信任——官民关系与满意度的中介效应［J］. 华南理工大学学报（社会科学版），2020，22（1）：109-118.

③ 胡晓东. 行政作风存在的问题、根源及改进路径［J］. 中共云南省委党校学报，2014，15（1）：159-163.

④ 庄德水. 新时期廉政测评机制构建研究［J］. 桂海论丛，2011，27（2）：63-66.

⑤ 陈锦昌. 依责任清单助地方政府改进作风常态化［J］. 黑龙江省社会主义学院学报，2015（1）：30-32.

得广大人民群众的拥护和称赞①。

随着全球化浪潮的推进和后工业化社会的来临，人类社会启动后工业化进程，中国也进入双重社会转型时期。在这种背景下，学者们提出服务型政府理论，引导中国进行服务型政府建设。曾旭在建设服务型政府的基础上，从社会问题、个人问题及制度问题方面探讨转变政府工作作风的挑战，提出提高行政主体的综合素质、完善政府制度体系建设和加强政府监督管理机制等建议②。祝传佳则认为，在建设服务型政府的背景下，行政作风建设不仅要继承传统的伦理化建设，还应该坚持寻求制度化的支持，从政务公开制、人民至上制、行政问责制和权力制约制等方面着手制度建设③。当然，从传统的组织伦理、制度伦理和个体伦理三个维度来研究行政作风建设仍是主流④，邹姗珊主张从强化内在修为、加强外在保障及兼修两者关系来改进行政作风。

纵观近年来国内学界对行政作风的研究状况，无论在学者数量上，还是在成果数量的递增及理论讨论的焦点上，都表明该主题深受学者的关注。总体而言，该研究取得了一定的成效，具备了一定的知识累积效应。两个阶段的研究成果显示，行政作风的研究内容比较全面，也涉及多个层面和不同学科领域，研究方式上采用定性分析、推断统计等多种方法，这些都进一步拓展研究的纵深，取得了斐然的成绩。毋庸置疑，这些成果

---

① 余娴丽，俞慈珍.“马上就办、真抓实干”作风视域下政府治理效能优化路径探析［J］.福建省社会主义学院学报，2022（1）：4-13.

② 曾旭.服务型政府视阈下的政府工作作风转变研究［D］.锦州：渤海大学硕士学位论文，2015.

③ 祝传佳.论行政作风建设由伦理化向制度化的转变［J］.牡丹江大学学报，2015，24（7）：16-18.

④ 邹姗珊.全面深化改革中行政作风建设的伦理维度［J］.学习论坛，2018，34（9）：53-58.

丰富了相关理论研究的内容，进一步推动和促进了现实中的行政作风建设，也为后续相关理论研究提供了丰富的理论资源，奠定了坚实的基础。然而，在这些丰硕的成果里仍然存在一些薄弱环节，主要表现为理论研究存在碎片化倾向，未建立起研究体系；研究观点进一步提炼后创新性不足，缺乏与实践的衔接；研究视角单一化，具有局限性，多视角、跨学科的集成性行政作风研究成果较少。为此，我们需要不断加大研究力度。

2. 国外研究综述

国外学者的研究主要关注行政伦理与责任、民主行政、政府绩效管理与行政效能、行政组织文化等方面，既包括行政伦理学的层面，也包括制度的层面，体现了行政作风发展的动态性和进步性。

行政伦理与责任是伴随着公共行政的产生而存在的，早期的行政责任研究主要集中在制度建设和行政效率方面，如行政方式的科学化、官僚制的强化等。随着官僚制弊端的凸显，行政人员的内在道德责任及其伦理自主性问题进入研究视野。德怀特·沃尔曾列举了行政人员的多种责任，认为行政人员应该利用自身道德性，恰当行使自由裁量权，协商各责任关系。其后，乔治·弗雷德里克森在《公共行政人员的楷模：政府中的道德品性和领导关系》一书中提到，除了发挥行政主体的德性作用外，行政组织在行政人员伦理自主性问题中发挥着重要作用。库珀则进一步研究，在《行政伦理学：实现行政责任的途径》一书中指出，当面对不道德的上级和不道德的组织时，行政人员要发挥伦理自主性，使行政行为符合公共利益并对人民负责。20 世纪末，行政道德责任立法建设兴起，各国先后颁布了行政道德法规，对行政人员的行政道德进行了明确、严格的规定和限制，如美国的《政府道德法案》《行政部门雇员道德行为准则》、新西兰的《公务员行为准则》、韩国的《公职人员道德法》、日本的《国家行政人员道德法》等。行政责任法治化建设让行政人员的行为有了具体的参照，也为其提供了一般性的行为依据。对行政责任实现路径的研究有两个方向，分别为内部控制和外部控制。坚持内部控制观点的学者有卡尔·弗雷德里奇、阿尔弗雷德·韦伯、高斯等，他们认为外在约束不能代替责任感，行政责任的实现要依赖行政人员的道德意识。坚持外部控制观点的学者有赫尔曼·芬纳、维克托·汤普森等，他们认为政治控制和政治责任更为重要，只有法律和制度才能催生负责任的行为，通过立法和总统的行为控制官僚的行为①。这两种对立的责任实现方式都有弊端，库珀提出通过内部控制和外部控制相结合的方式来实现行政责任，强调行政人员在决策和行动中应遵循更高的伦理标准，以公共利益为导向，同时从法律和制度层面对行政人员进行双重监督，以建立更加高效、负责的行政体系，优化行政作风建设。

为了寻找传统官僚制困境的解脱办法，民主行政理论从新公共行政、民主制行政、后现代公共行政学派中得到继承和发展。以弗雷德里克森为代表的新公共行政学派从政治学视角出发，突出“公共性”的地位，坚持“社会公平”原则，鼓励民众参与公共政策的制定，确保更高的社会公平性。20 世纪 80 年代，民主制行政理论代表人物奥斯特罗姆在《美国公共行政的思想危机》一书中从经济学视角对传统官僚制行政学说中的内在矛盾进行了剖析，提出了公共行政新思路。他认为，新的体制应该是一种不同层级政府为群众提供多样选择的制度。贝弗在《民主治理：制度和激进观点》一书中提出，民主行政的核心在于多中心治理。后现代公共行政则另辟蹊径，将民主行

① ［美］乔治·弗雷德里克森. 公共行政的精神［M］. 张成福，等译. 北京：中国人民大学出版社，2003.

政的价值定位于“对话”之中，期望通过对话的形式达到民主行政的目的。福克斯和米勒在《后现代公共行政——话语指向》一书中提出，可靠话语的最大优势就是能通过集体商议过滤掉名为公共利益实为个人谋利的狭隘要求①。20世纪80年代形成的“黑堡宣言”是公共行政的规范性理论，其继承了新公共行政学的价值主张，认为公共行政应该有更高的站位，更注重价值承诺，要考虑公共利益，要致力于实现公平、民主和改善人民生活水平的目标②。进入21世纪，民主价值的重要性再次得到强调，民主行政偏向于合作的开展和治理的深化。登哈特夫妇在《新公共服务：服务，而不是掌舵》中指出了新公共管理运动的负面影响，警醒大众重视新公共服务中蕴含的民主行政观念，同时提出政府提供服务需要拥有战略性思想和民主性行动，将公共利益当作终极目标，从而建立一个回应性强的公共机构，实现由“划桨”到“掌舵”再到“服务”的转变③。当代民主行政还有另一个重要特征，即民主行政与民主政治的融合，如斯蒂芬·艾斯特在《第三代协商民主》中指出，公共行政中的协商民主制度化是第三代协商民主。电子化民主行政以信息和网络技术为运作平台和实现路径，以直接民主形式为特征，是新时代民主行政发展的方向。电子民主通过提供电子资讯、电子公民咨询、电子协商和电子决策重构了民

---

① ［美］查尔斯·J. 福克斯，休·T. 米勒. 后现代公共行政——话语指向［M］. 楚艳红，等译. 北京：中国人民大学出版社，2002.

② 段钢. 重建公共行政的思考——《黑堡宣言》首席作者万斯莱教授访谈录［J］. 中国行政管理，2002（10）：54-55.

③ Robert B. Denhardt，Janet V. Denhardt. The New Public Service：Serving Rather than Steering［J］. Public Administration Review，2000，60（6）：549-559.

主行政的新模式，对民主治理的未来发展有着开天辟地的深刻影响①。民主行政强调行政过程中公民的参与，可以促进民主化、透明化、科学化，促进行政人员作风能力的提升，提高公众对行政机关的信任度和满意度。

国外对政府绩效管理的研究成果主要集中在基本性质、价值取向、评价指标体系等方面。胡雷等人认为，绩效管理是改进公共管理组织和公共管理项目的生产力、质量、时效性、响应性的综合系统。对于政府绩效管理的价值取向，欧文·E. 休斯提出政府管理的“3E”指标，即 Economy（经济）、Efficiency（效率）和 Effectiveness（效益），颠覆了传统意义上的“效率至上”原则，形成了著名的“3E 绩效管理模式”。哈里等人在“3E”指标的基础上将公平（Equity）指标纳入其中，形成了“4E”指标。阿尔蒙德在《发展中的政治经济》一书中将政府能力、人民参政情况、经济增长和分配 4 个变量作为政府绩效评价的价值取向。与此同时，学者们纷纷构建并设计相应的指标体系，如英格拉姆从财政管理、人力资源管理、信息技术管理、资金管理和结果管理 5 个维度做出了设计。相对于政府绩效管理，行政效能的有关研究成果相对偏少，也不成体系。国外学者对效能概念尚未形成共识，分别以不同理论对其进行研究，总体认为效能是政府履行职责的预期目标的实际完成程度与状况。行政效能的影响因素研究主要集中在剖析宏观层面因素和微观层面因素上。宏观层面因素主要涉及组织文化、政府支出与透明度、社会制度与文化等。如桑德森以英国为例，分析发现组织文化关系着地方政府履职评价活动；豪纳通过汇

---

① Kakabadse A. P., Kakabadse N. k and Kouzmin A. Reinventing the Democratic Governance Project through Information Technology? A Growing Agenda for Debate [J]. Public Administration Review, 2003, 63 (1): 44-60.

编关于公共部门效率的大型跨国数据集，发现政府支出增加会导致相关部门的效率降低；等等。微观层面因素主要涉及政府信息公开水平、适应能力、问责制、公众满意度等。如瓦尔瑟基于 SEM 模型发现公众满意度与政府履职效能状况存在关系；齐霍茨基指出电子政务可以作为提升反腐败治理效能的重要工具；等等。在行政效能具体评价指标设置方面，博伊恩认为需要设计客观指标与主观指标，且两者存在一定的相关性；吉梅内斯则指出，进行地方政府履职评价需注重成本与效益的考量①。通过设定明确的绩效目标和指标，对行政人员的行为进行监督和激励，可以提升行政效能，优化行政作风。

1979 年，在英国管理学院佩蒂格鲁教授第一次正式介绍组织文化后，学者们开始通过不同的方法论对组织文化进行定义，有关组织文化及其管理思想的文献开始爆发式增长。国外有关行政组织文化的研究散见于组织文化的文献中，研究者一般是运用社会学、心理学等不同的方法论，将定性分析与定量分析结合，进行比较研究。努弗里奥在《改变组织文化：来自国家绩效评估》中指出，组织文化影响组织绩效，是政府再造取得成功的重要一环。约瑟夫·W. 沃顿在此基础上进一步研究，认为公共部门中的文化或组织行为的来源可以通过高度理想化的哲学表达来追踪。托马斯·亨尼西对行政组织文化与行政管理改革之间的关联性进行了研究，认为有组织文化的组织在行政管理变革中的表现要比没有组织文化的组织更好，因此改变组织文化可以促进政府花更少的钱、取得更好的成绩。威廉认为当行政组织进行文化变革时，绝大多数人的反应是消极的，

① Giménez V. M, D. Prior. Long- and Short-Term Cost Efficiency Frontier Evaluation: Evidence From Spanish Local Governments [J]. Fiscal Studies, 2007, 28 (01): 121-139.

因此只有领导者的能力过硬，长期坚持设定的目标和付出努力，通过培训和沟通机制来引导变革，才能达到行政组织文化变革的愿景。帕德玛通过研究组织文化和组织承诺的关系，认为合适的组织文化有助于成员实现对组织的承诺，因此在进行文化变革之前，要对组织文化和成员对组织的承诺进行评估。行政组织文化建设可以使行政人员树立正确的价值观和遵循行为规范，也可以建立勤政、廉洁、高效、务实的行政理念，在优化行政作风中起着重要作用。

## 第三节　研究方法

1. 历史研究法

历史研究法是运用历史资料，按照历史发展的顺序对研究对象进行研究的方法。本书在公共行政学视角下，以政府管理模式为轴线，基于统治行政、管理行政及服务行政的历史阶段分析政府管理与行政作风演变的关系，对行政作风如何游离出视野、被寻求、被迫切需要等从被动到主动的整个发展过程进行了梳理，探讨不同社会治理格局对行政作风建设的理论及实践诉求。

2. 系统分析法

系统分析法是将问题放入系统中，通过全面分析找出解决问题的可行方案的方法。本书从追寻行政作风的理论渊源出发，认为政府的行政作风建设是从被动到主动、从理论诉求到实践诉求的系统脉络。同时，行政作风问题本身是一个关涉政治、经济、文化、社会等层面的综合性问题，本书将各层面视为行政作风建设目标的子系统并置于一个系统框架内，最终探寻行政作风建设的伦理途径。

3. 规范研究与经验研究结合

本书运用规范研究法，从政府的政治定位出发，阐述其对行政作风价值取向的影响，从学理角度追溯行政作风建设的理论渊源，然后从公共行政学角度全面阐述行政作风的演变过程。同时，本书运用经验研究法，结合当前我国处于双重社会转型时期的特征，以及行政作风面临的问题及原因，通过事实判断与价值判断的统一，结合服务行政的特征，探索行政作风建设伦理途径。

4. 跨学科研究法

行政作风的研究主体为行政人员及其组织，往往存在于政府组织之中，因此行政作风的研究也囊括了与政府相关的论题。对行政作风的研究需要采用一种总体性的研究方法，即运用政治学、行政学、管理学、伦理学、思想政治教育学等跨学科的研究方法。

## 第四节 研究的创新点

国内外关于行政作风的研究已取得一定成果，但仍然存在诸多不足之处，研究空间和深度有待进一步拓展。基于此，本书立足于思想政治教育学科和行政管理学科，从公共行政学视角分析了行政作风演变的过程，结合我国行政作风建设的历史阶段性成果，提出了优化行政作风建设的建议。本书从交叉学科内涵及方法论层面进行分析论证，进一步拓展了该研究领域的研究视野，实现了论题的学术创新。

1. 研究内容突出时代性，具有现实性

行政作风是一个世界性的研究课题，也是我们党及政府长期以来关注的一项迫切而艰巨的任务。在当今的社会治理结构转型期，代表政府公信力的行政作风建设更加具有急迫性。本书以行政作风为研究对象，对行政作风的演变和中国国情进行了深度研究，突出时代性，提出了我国行政作风建设的途径，对现实具有指导意义。

2. 研究视角创新，具有系统性

本书从行政伦理视角研究行政作风的演变历程，勾勒出行政作风从游离群众视野到兴起发展的路径曲线，使其演变过程具有系统性，这也开拓出行政作风建设研究的新视角。同时，本书在政府模式演变的理论框架下，将行政作风置于历史过程进行研究，结合当前国际形势和我国社会特征，提出行政作风建设的途径，研究上具有系统性。

3. 研究方法多样，具有交叉性

本书采用辩证研究法，使相关概念对立统一起来，并对其关系进行辩证思考与分析；采用历史研究法，依据公共行政学的发展，反思性、批判性阐述行政作风的演变历程。除此之外，本书还采用实证研究法、比较研究法等，从社会学、政治学、伦理学、哲学、经济学等多学科出发，基于公共行政学发展历程和中国具体国情研究行政作风建设。

# 第二章　行政作风的价值导向：基于政府的政治定位

## 第一节　人民主权原则下的政府

### 一、人民主权思想的渊源

人天生是一种政治动物①，必定生活在政治组织之中。当人类早期的群体形成从主要依赖血缘关系转变为以地域关系为基础时，国家就出现了。在原始社会阶段，某些个体可以依靠其生存技能等方面的优势，带动群体其他成员共同劳动以获取更多利益，从而形成个人魅力权威和传统权威。在国家形成之后，最高权威也就逐渐演变为国家主权。因此，国家主权是人类依赖权威限制人们的野蛮行为而追求秩序化的产物，正如亚里士多德所描述的那样："早期各级社会团体都是自然地生长起来的，一切城邦既然都是这一生长过程的完成，也该是自然的产物。"②

"主权"一词源于拉丁文，意指至高无上的权力。将"主权"引入政治学领域并创立主权学说的是法国思想家让·博

① ［古希腊］亚里士多德．政治学［M］．吴寿彭，译．北京：商务印书馆，1965：20.

② ［古希腊］亚里士多德．政治学［M］．吴寿彭，译．北京：商务印书馆，1965：7.

丹，他在其主要著作《国家六论》中首次提出了主权概念，为主权理论的发展奠定了基石。他指出，主权是不受法律限制的统治公民及臣民的最高权力，是国家的标志①，国家是由许多家庭及其共同财产组成的、具有一种最高主权的合法政府②，因此主权本身不是目的，而是国家达成目的的工具。主权最重要的功能是制定法律，法律是依据主权原则制定的。因此主权者拥有绝对权力去制定法律，以之约束国家的臣民。由此可见，法律只是主权者的法令而已。而此时的法国封建制度正逐渐瓦解，以教廷为基础的神圣体系开始没落，中央集权政府试图确立，让·博丹也在为这种历史处境寻找理论上的依据，提出将主权划归于君主。因此，让·博丹的主权理论实质上是君主主权理论。

让·博丹的国家主权理论具有极大的影响力，有大量的拥护者和继承者，其继承者中最有成就的当属于霍布斯。霍布斯提出，人的自然本性就是竭尽所能地获取权力或力量以维持自己的存在，因此他在自然上就拥有一种得其一思其二、死而后已、永无休止的权力欲③。他认为，人为了获取利益必会先发制人，使自己处于主动的地位去控制更多的人，保障自己的利益不受侵犯。主权则是主权者的权利，主权者可以订立信约，对主权行为进行授权，以有利于和平与共同防卫④。主权者获取主权的方式有两种：一种是其他人因畏惧主权者而自愿同意

---

① [法] 让·博丹. 主权论 [M]. 李卫海，钱俊文，译. 北京：北京大学出版社，2008.

② 何汝壁，伊承哲. 西方政治思想史 [M]. 兰州：甘肃人民出版社，1989.

③ [英] 霍布斯. 利维坦 [M]. 黎思复，黎廷弼，译. 北京：商务印书馆，2020.

④ [英] 霍布斯. 利维坦 [M]. 黎思复，黎廷弼，译. 北京：商务印书馆，2020.

将自己的权利授权；另一种则是利用其他人对武力的恐惧，用武力强迫取得。这两种方式都是按约建立主权，允诺服从和承认权威，主权的目的是自我保存与和平。霍布斯同样认为，主权是不可限制、不可转让和不可分割的，具有绝对性，这也意味着一个国家的主权者只有一个，其权力也是至高无上的。因此霍布斯延续了让·博丹的主权理论，以个人主义为出发点，开创了社会契约论，研究最终走向更激进的国家主义，他也是君主主权的理论辩护者。

主权理论的诞生是人类走向政治文明的重要标志，也是现代国家建构的依托。在主权学说中，最具代表性的理论就是上述让·博丹和霍布斯的主权理论，二者都属于君主主权理论。至近现代阶段，受到民族主义和宪政主义两种政治意识形态的影响，主权理论又分为民族国家主权与宪政主权。虽然主权理论在不同时期研究的方向不尽相同，但都以古典时期主权学说研究为基础，最终归结为对主权归属主体的研究。因此，主权学说是人民主权理论的基础，让·博丹和霍布斯的主权思想是人民主权思想的源头。

## 二、人民主权思想的演进

为了反抗封建专制和君权神授理论，资产阶级思想家不断构思和探索，提出了人民主权的思想，形成了一套完整的理论体系，这是民主政治思想跨时代的发展，推动着社会的进步和政治的民主化。人民主权强调，人民是主权的最终所有者，主权的正当性只能来自人民。也就是说，主权属于人民，人民主权是国家的最高权力，立法权属于人民，国家权力机关由人民选举产生，向人民负责，受人民监督。

人民主权理论的首创者当属启蒙运动的先驱——洛克，他在著作《政府论》中明确提出了人民主权的思想，强调人民主权的重要性。洛克认为，立法权是国家的最高权力，其余一切权力都必须从属于这项权力，立法权是神圣且不可变更的。但当立法的行为与人民的委托相矛盾时，人民享有否决立法权的权力，就像洛克在书中所言，“立法机关的宪法是社会首要的和最根本的法令，宪法中的一些条例规定了他们的联盟如何在一些人的指导下和在一些法律的制约下继续存在。只有民众同意的人或民众委托的人，才有权制定这些法律，没有公众的同意和委托，他们中的任何人或任何数量的人都无权制定法律”①。因此，人民将主权委托给立法机关来行使，立法权是为人民正当权利服务的，其本质上是人民的一种委托权力，这也是立法权成为最高权力的理由和基础。洛克的人民主权学说所阐述的“议会主权论”，提出议会掌握和行使国家的最高权力，因此它仅在主权意义的角度上属于人民主权学说。

法国思想家卢梭在继承和批判前人理论的基础上，将人民主权理论推向顶峰，是该理论的集大成者。卢梭在《社会契约论》中表达了人民主权思想，认为人们只有通过契约的方式联合起来组成国家，才能实施自我保护，国家的主权属于人民。“公意”是卢梭的人民主权思想的基础和逻辑起点，与社会契约关系密切。在卢梭的理论中，“公意”的概念并不明确，主要通过与个人意志、众意等概念的比较来探讨，其核心含义可以概括为人民的共同意志，是公共利益的表达。公意并不是指所有人民一致同意，而只是大多数人的共同意识，但绝不倾向个别利益，以确保其公正性。卢梭认为，人民主权是依据公意建立的绝对权力，意味着国家的权力属于人民，人民主权是对公意的行使，“正如自然赋予了每个人以支配自己各部分肢体

---

① ［英］洛克. 政府论：下篇［M］. 叶启芳，等译. 北京：商务印书馆，1999：96.

的绝对权力一样，社会公约也赋予了政治体以支配它的各个成员的绝对权力。正是这种权力，当其受公意所指导时，如上所述，就获得了主权这个名称”①。由于意志是不能转让的，具有绝对性，这也决定了卢梭提出的人民主权不可转让、不可分割，是至高无上和不可被替代的。因此，在制度设置上，卢梭强烈反对代议制，认为人民可以通过合法的集会来亲自行使主权，“当人民合法地集会而成为主权者共同体的那个时刻，政府的一切权限便告终止；于是行政权也就中断，于是最渺小的公民的身份和最高级行政官的身份是同样神圣不可侵犯的，因为在被代表的人已经出现的地方就不能再有什么代表了”②。

卢梭的人民主权论从自由出发，让人民亲自行使主权，追求人民的政治自由。事实上，随着官僚制理论的确立，精英政治理念逐渐占据主导，国家权力由少数政治精英所掌握，人民不可能成为主权者。同时，很多学者如波普、达尔等都反对卢梭的人民主权理论，他们认为，公意是一种理想化状态，不合理且不合情，多数人的共同一致也可能导致专制和暴政。社会学大师哈贝马斯正视学界对人民主权论的质疑，承认该理论与现实社会之间的矛盾，肯定人民主权理论的核心观点，力图进一步完善人民主权理论。他依据现代政治的发展，将社会学引入政治学和法学，用交往行动理论来定义新的人民主权理论。哈贝马斯的人民主权论认为，人民主权并不是人民亲自参与国家的政治决定，也不是体现人民主权的议会制度，而应该是人民自由平等地参与对话、商谈等交往活动。在对话与商谈中，每个人平等自由参与，既可以提出自己的观点，也可以反驳别人的观点。通过这种公正的民主程序，基于话语商谈的程序，

---

① ［法］卢梭. 社会契约论［M］. 何兆武，译. 北京：商务印书馆，1980：35.

② ［法］卢梭. 社会契约论［M］. 何兆武，译. 北京：商务印书馆，1980：122.

可以形成合理的政治意志。因此，其人民主权论以共识为形式特征，是程序的人民主权，是对话式民主，“政治参与权利所涉及的，是用法律形式对公开的意见形成和意志形成过程——其结果是有关政策和法律的决议——加以建制化。这种过程应该以交往形式而发生，而这种交往形式，如我们现在看到的，从两个角度使商谈原则发挥效力”①。哈贝马斯将卢梭的人民主权概念进行商谈性程序的转换，将人民主权与人权统一起来，使其作为一种新的人民主权理论矗立在现代政治话语世界中。

人民主权思想的演进虽有跌宕起伏，但总体趋势是循序渐进的。洛克为资产阶级革命寻找理论依据，找到了人民主权理论。卢梭在弥补洛克人民主权理论阐述不清的前提下，对主权内容进行了描述，将主权、法律与公意联系起来，对人民主权有了全新认识，是一个历史性的进步。哈贝马斯面临着精英政治的现实，将实践理性与主权意志统一起来，把人权与民主统一起来，在肯定人民主权的合理性的基础上，用交往理论全新诠释了人民主权论。由此可见，人民主权理论的演进迎合了社会实践的发展，也支撑着政治文明的进步。

## 三、人民主权原则下政府的政治伦理

18 世纪后半期，工业革命从英国迅速蔓延开来，人类的生产方式从现代工场手工业向机器大工业生产过渡。工业革命带来了生产力的快速发展，但社会的贫富差距越来越大，社会阶级结构也发生了巨大的变化，形成了近代工业资产阶级和无产阶级两大对立阶级。在这样的社会背景下，马克思、恩格斯深受卢梭的人民主权思想的影响，对不公平的社会现象进行思考，

---

① ［德］哈贝马斯. 在事实与规范之间：关于法律和民主法治国的商谈理论［M］. 童世骏，译. 北京：生活·读书·新知三联书店，2014：185.

倡导自由和民主，认为只有通过无产阶级专政才能实现真正的人民主权。马克思的人民主权思想于19世纪40年代形成，最初是在反思和批判黑格尔的国家主权理论，重新审视国家和社会关系的基础上建构起来的，对卢梭、康德等的人民主权理论进行了超越，通过唯物主义的思想继承和弘扬人民主权思想。

马克思的人民主权学说肯定了卢梭的人民主权思想，认为人民的主权为人民所有，人民有绝对的主权，政府是在人民的委托下为人民服务。当旧的政府不能代表人民的利益时，人民可以通过暴力手段推翻政府，夺回自己的主权。同时，马克思运用科学唯物主义思想，指出卢梭的"公意"只能存在于理论中，是带有历史唯心主义色彩的政治空想。在阶级社会中，只有消灭阶级差别和私有制度，"公意"的国家主权才能实现，国家利益与人民利益才会一致。马克思认为，人民可以通过指派代表来参与国家政治生活，如巴黎公社中"差不多都是工人或公认的工人代表"来掌握权力①。为了实现人民掌握国家权力，必须推翻一切剥削阶级的专制政府，建立无产阶级专政政府，工人革命的第一步就是无产阶级变成统治阶级，争得民主。在无产阶级专政的国家，人民享有言论自由权利，可以自由评论政府的执行能力，阻止政府滥用国家权力的行为，制约国家的权力。人民享有民主选举权和监督权，通过选举或者罢免指派代表及国家机关领导者，有效遏制政府腐败现象。因此，人民制约国家权力最有效的办法就是实行无产阶级专政，做到真正的人民当家作主。

中国共产党继承和弘扬了马克思、恩格斯的人民主权思想，将人民当家作主作为社会主义民主政治的本质和核心。我国的

---

① ［德］马克思，恩格斯．马克思恩格斯选集：第二卷［M］．中共中央马克思恩格斯列宁斯大林著作编译局，编．北京：人民出版社，1972：330.

宪法第二条规定“中华人民共和国的一切权力属于人民”，这意味着人民是中华人民共和国的主权者，中华人民共和国是在人民主权原则基础上建构的现代国家。“人民行使国家权力的机关是全国人民代表大会和地方各级人民代表大会”，这明确了人民代表大会制度是实现人民当家作主的具体途径，人民可以通过人民代表大会制度行使对国家的管理权。任何民主制度的完善，都离不开政党的领导。人民民主是社会主义的生命。没有民主，就没有社会主义，就没有社会主义现代化，就没有中华民族伟大复兴。中国共产党作为中国工人阶级的先锋队，是无产阶级性质的政党，以全心全意为人民服务为宗旨，是建设社会主义民主政治、坚持人民当家作主的政治权力的领导核心。

一切权力属于人民，这并非表示人民直接参与管理国家事务，而是将权力按照一定程序和方式委托给领导机关和干部，他们代表人民的利益行使权力。这正如巴黎公社模式，通过实行普选制，选举出代表工人阶级的政府，消灭政治上的不平等。人民选举出来的代表，能代表人民利益，对选民负责，并随时可以撤换。人民将权力赋予公共权力的行使者——政府，政府的行为则必须以人民的利益为依托，并对人民负责。同时，为了维护公共秩序，人民应该服从政府的合法管理，这两者间的关系是双向互动的。若政府的行为违背了人民的利益，人民应以主权所有者的身份，通过国家政权的力量和宪法赋予的各种民主权利，对政府滥用权力进行制约，并拥有对政府的调查、弹劾、罢免等权利。马克思对社会主义和政府的本质都进行了深入研究，在总结巴黎公社的性质和特征时，提出社会主义国家的人民政府必须是服务型政府，强调政府的权力来源于人民的授予并接受人民的监督。因此，人民主权思想下的社会主义政府应以全心全意为人民服务为宗旨和目的，接受人民的监督，建设服务型政府。政府的政治使命是大力发扬民主，让更多的人民参与国家和社会各项事务的管理。政府运用法律手段，确保政府行为和公权力的运行真正服务于人民，不断提高执政水平，减轻人民群众的负担，建立起高效政府。

中国共产党十八届四中全会通过的《中共中央关于全面推进依法治国若干重大问题的决定》，建立了宪法宣誓制度，这是人民主权原则下政府实施政治承诺的典型制度之一。宪法宣誓制度明确规定："凡经人大及其常委会选举或者决定任命的国家工作人员正式就职时公开向宪法宣誓。"从现实情景来看，宪法宣誓不仅仅是一种示范性仪式，更是就职人员对各自特定职位所做出的政治保证。从誓词内容看，它包含了三个层面的要求，即一般的法权层面（履行法定职责）、特殊的伦理层面（忠于祖国）和普遍的道德层面（为建设富强、民主、文明、和谐的社会主义国家努力奋斗）。宪法宣誓制度将这三个层面的要求转化为具有规范效力的法律语言，从而成为普遍的行为规范，而非一时偶尔为之的善行①。宣誓意味着宣誓人向宪法承诺一个理想，而能够实现这一理想的人就是韦伯所谓的"政治担纲者"②。中华人民共和国的一切权力属于人民，这意味着人民是宪法背后的主权者。因此，宪法宣誓是国家工作人员对社会民众重申"为人民服务"的政治伦理，接受人民的监督，也是政府对人民的政治承诺和保证，反映的是理想与现实之间的关系。

人民主权，即主权在民，国家的一切权力来自人民、属于人民、服务人民。因此，在人民主权原则下，政府应全心全意

---

① 华燕. 论"忠"之法律义务及其限度［J］. 法律科学. 2011（6）：23-34.

② 张国旺. 宪法宣誓、人民主权与执政党的政治伦理［J］. 环球法律评论. 2016，38（6）：23-35.

为人民服务，把人民的利益放在首位，坚持执政为民，尊重和保障人民的权利与自由。执政者应牢记全心全意为人民服务的宗旨，严于律己，勤政廉洁，率先垂范，不断增强公仆意识，与群众紧密结合，接受人民群众的监督，为人民群众排忧解难。我国正处于双重社会转型阶段，前所未有的文明冲突和价值冲撞随之而来，各类复杂的新社会现象层出不穷，但坚持人民主权原则永不动摇，全心全意为人民服务是政府向人民的政治承诺，是执政者行为的政治伦理导向，是人民群众对政府工作人员的基本要求，更是行政作风主要的价值取向。

## 第二节　民主治理体系下的政府

### 一、民主治理范式的兴起：从官僚制行政到民主治理

一般认为，“民主”是一个政治概念，是现代社会政治合法性的重要标准，在政治哲学中占据着特殊的位置。正如著名民主理论家萨托利所说：“承认民主是政治或社会组织的最高形式，标志着在现代社会和政治制度的最高目标上取得一致。”① “治理”的概念意为控制、引导，其内涵有多种阐述，最具有权威性的当属全球治理委员会在《我们的全球伙伴关系》报告中给出的定义，即“治理是各种公共的或私人的个人和机构管理其共同事务的诸多方式的总和”，经常用于与国家公共事务相关的政治活动和管理活动中。治理本身强调了民主、参与和协调，可以说，民主是治理的方式和手段，治理是民主的一种重要形式和途径，两者相互关联。依据民主和治理的内

① ［美］乔万尼·萨托利．民主新论［M］．冯克利，阎克文，译．上海：上海人民出版社，2009：4．

涵及其所赋予的使命，所谓民主治理就是强调并促进公共治理过程中各治理主体之间的平等对话与协商，是构建并形成一整套能够确保和实现公共治理过程及治理体系的，具有参与性、透明性、法治性、可靠性、有效性及公平性的机制或规则①。因此，民主治理就是以民主的方式管理社会，以民主价值为根基，让公众共同参与，保障公民的基本权利，维护人民的根本利益，坚持人民当家作主的社会理想。民主治理是对传统的官僚制行政的替代，也是社会结构和政治结构变迁的结果，更是善治的必选之路。

威尔逊在《行政学研究》中提出“政治”与“行政”二分的思想，将行政作为一个独立的领域来研究。古德诺对“政治”与“行政”分别进行了定义，认为“政治”是国家意志的表达，“行政”则是国家意志的执行。政治作为国家意志的表达，必须是公共意志，需要用民主的理念和方式来建构；行政作为国家意志的执行，是对技术和效率的追求，解决的是“政府怎样才能以尽可能高的效率及在费用或能源方面用尽可能少的成本完成这些适当的工作”② 的问题。行政若要最大化地追求效率，必须拥有以“命令—服从”为特征的组织体系，即理性官僚制组织的支持。因为理性官僚制组织形态拥有先天的价值中立、专业化、非人格化等特性，通过寻求组织结构中的理性规则和合法秩序，组织行为能够达到最大效率。在政治、行政二分的基础上，以效率为核心价值的官僚制的组织机构是无法用民主的原则来建构的，其形式必然为集权式。因此，整个治理体系就表现为“政治民主”与“行政集权”既矛盾又统一

---

① 党秀云．论民主治理的社会基础［J］．中国行政管理．2015（5）：17-22．

② 彭和平，竹立家，等．国外公共行政理论精选［M］．北京：中共中央党校出版社，1997：1．

的状况①。

在官僚制建构的过程中，科学管理对其有着深远的影响。科学管理理论是通过将管理从个人经验推向理性的普遍管理原则，使工作中获得的效益最大化。因此，官僚制用组织化体制代替个人活动，可以提升管理能力，达到组织行为的最大效率，从而促使官僚制进一步大规模发展，也使得官僚制组织成为政府的核心结构。这种以“技术—工具理性”为支撑的官僚制组织体制，在追求效率标准的同时已将价值因素排除在外，用服从与控制权力的方式取代了参与、公平的民主方式，完全忽略了公共行政的基本目标。正如奥斯特罗姆所言，官僚制行政一致拒绝接受民主价值，这在某种程度上导致20世纪众多行政改革的努力并不非常成功，同时也成为美国政府在最近几十年宪法危机不断的思想根源②。

20世纪后期，工业化逐渐完成，官僚制行政范式渐渐处于危机中，出现了一系列的问题，如财政赤字增加、行政效率低下、官僚作风盛行等。学者们开始对官僚制行政范式进行反思，质疑政治—行政二分的理论原则，认为官僚制行政一味追求效率而未考虑价值因素，忽略了公共行政的基本目标，开始尝试民主行政理论的建构。与此同时，随着后工业社会的到来，新兴的服务业地位逐渐升高，社会阶层和结构也发生变化，民主价值因素进入公共管理领域，民主行政兴起。民主行政的理念是在新公共行政运动中提出的，其认为传统的官僚制行政过于重视效率而忽略民主价值在公共行政中的核心地位。如弗雷德

① 张康之，程倩. 民主行政理论的产生及其实践价值［J］. 行政论坛. 2010(4)：21-25.

② ［美］文森特·奥斯特罗姆. 美国公共行政的思想危机［M］. 毛寿龙，译. 上海：上海三联书店，1999：160.

里克森认为，公共行政的核心价值不是经济和效率，而是社会公平，主张将“效率至上”改为“公平至上”。新公共行政运动扭转了传统的官僚制行政过于重视“效率”而忽视参与与回应的重要性，提出公众采纳、价值多元化、重视回应等主张，为建立民主行政模式奠定了理论基础。奥斯特罗姆对民主行政进行了具体阐述，认为“威尔逊—韦伯”模式由于过度关注行政过程中的效率，并透过集权与控制的机制来追求效率，已经造成了公共行政的“知识危机”①。因此，他主张应以“交叉重叠的职权”“权威多中心”为特征的民主行政模式取代原来的“官僚制行政模式”②。其后，“黑堡”学派明确提出“重建民主行政”的理论主张，他们认为，政府低效等社会问题并不全是官僚体系造成的，而是政治体系本身存在问题。因此，现在迫切需要建构一个新的行政体系，使其能在民主政治的环境下重新找到定位与合法性，确保公共利益最大限度地完成③。

进入 21 世纪，公众对公共管理效能的诉求越来越高，学者们纷纷寻求治理机制，认为治理可以实现公共利益最大化，公共治理也逐渐取代公共管理。当治理理论在国际社会及学术界都被认可时，民主行政范畴的治理理论也涌现出来。民主在政治和行政之间是可以双向流动的④，因此民主治理也将横跨政治和行政两个领域，将民主价值体现在公共管理过程中。同时，民主治理虽以民主价值为根基，但兼顾效率原则，并将民主与

---

① 丁煌，张雅勤. 公共性：西方行政学发展的重要价值趋向［J］. 学海. 2007（4）：113-117.

② ［美］文森特·奥斯特罗姆. 美国公共行政的思想危机［M］. 毛寿龙，译. 上海：上海三联书店，1999：169-170.

③ 加里·万斯莱，等. 公共行政与治理过程：转变美国的政治对话（节选）（黑堡宣言）［J］. 段钢，译. 中国行政管理. 2002（2）：26-29.

④ ［美］查尔斯·J. 福克斯，休·T. 米勒. 后现代公共行政——话语指向［M］. 楚艳红，等译. 北京：中国人民大学出版社，2002.

效率进行整合。这使得民主治理逐渐替代以效率为核心的传统官僚制行政范式，成为当今公共管理范式的主流。正如登哈特等人认为的那样，只有民主治理能够消解民主制与科层制之间的冲突①。总之，民主治理建立在官僚制行政的困境基础上，将公平、代表、回应、参与等民主价值引入公共管理，寻找建立公共管理在多元化社会中的合法性，确保公共利益最大化。

## 二、民主治理的本质与表现维度

民主治理是政府主导的公共行政组织将权力制约、公民参与、代表回应、责任监督等民主价值作为根基植入公共管理过程，以民主的方式引导和规范公共事务管理，构建的一套能够实现公共治理的机制。民主需要权威来协调，权威需要民主来执行，民主和权威之间的调和是民主治理中最具争议性的问题。基于民主和权威的平衡问题，民主治理内部分为两大理论分支和技术流派。以奥斯特罗姆为代表的民主治理理论主张解构官僚制，强化民主自治、分权制衡，从而自上而下达致平衡。沃尔多、黑堡学派、新公共服务等另一支流派则认为权威有其正当性，主张发展强势民主来抗衡和制约有权威的政府，建立起民主和权威平衡模式。两大流派虽然在民主模式、官僚制改革的方案等方面有不同观点，但他们都认识到民主和权威之间关系平衡的重要性，都认为民主治理的最终目的是实现公共利益最大化。因此，民主治理是民主和治理的复合，其本质是在人民主权的原则下，使民主和权威之间达到平衡，最大限度地实现和代表公共利益。

人民主权原则成为近代以来一些民主国家的理论根基，不

---

① Janet V. Denhardt , Kelly B. mpbell. The Role of Democratic Values in Transformational Leadership [J]. Administration &Society. 2006, 38 (5): 556-572.

同形态的民主政治国家纷纷认同，依据人民主权原则设立宪法俨然成为惯例。人民主权原则在实践中是通过代议民主制度的形式来确立的。人民无法直接管理公共事务，便通过选举确立人民的代表机构——政府去执行，人民和政府之间形成委托代理的契约关系。由此可知，政府权力来自人民，政府运用行政权力必须经过人民的同意并接受人民的监督。人民主权原则作为民主治理的前提条件，意味着政府的行政行为不能违背人民的意志和利益，而应以人民利益为重，真正实现人民民主。因此，民主治理是宪政层面的政治制度设计，是人民立宪的选择，而不是法律的选择。正如奥斯特罗姆提及的，如果政府可以自由地界定权威，那么他们就不会有积极性来制约权威的运作，掌握政府权力的人就会积极运用这些特权来牟取私利并损害那些反对他们的人①。

在现代民主政治中，作为人民代表机构的政府，必须具有强大的权威才能履行和实现公共利益最大化，但过大的政府权威会脱离民主政治的控制，甚至暗含着对人民主权原则的否定。因此，民主治理的关键是民主和权威的制衡问题。人民民主体现的是一种自上而下的对公共行政的控制，而权威体现的是政府权力的大小，是一种自上而下的支配力量，人民成为其支配对象②。这两者看似相反，却统一于民主政治的制度系统中。近代以来，绝大部分国家政府的行政权力及职能都处于扩张中，其权威逐步发展到顶峰时期。然而，政府权威的过快增长严重破坏了民主和权威的平衡关系，使得西方政府在 20 世纪七八十年代出现了一轮危机。权威的非理性扩张，破坏了民主价值观，

---

① ［美］文森特·奥斯特罗姆. 美国公共行政的思想危机［M］. 毛寿龙，译. 上海：上海三联书店，1999：3.

② ［美］亨廷顿. 变化社会中的政治秩序［M］. 王冠华，等译. 上海：上海人民出版社，2021：2.

越来越多的生活领域被政治化。公众开始对政府不信任，怀疑政府的能力，反政府之风盛行。民主治理成了解决这场危机和提高公众对政府信赖度的最佳方案，它通过超越官僚制行政和补充代议制民主，构建起新的民主模式和政府权威模式，使民主和权威之间建立起新的平衡。

在人民民主原则下，主权者利益和人民利益合为一体，人民的整体利益便产生了。在最初的民主政治制度中，政府以保护个人的权利和自由为主要职责，并不是为了直接实现公共利益。在20世纪30年代，在市场失灵导致的危机的逼迫下，罗斯福新政建议不断扩大政府的经济和社会职能，使其成为经济社会管理中的一支主导力量。此时，政府不仅需要继续保护个人的权利和自由不受侵犯，还需制定和实施大量的公共政策来规范市场和治理社会。在现代社会中，如何平衡各方的利益，并在各种相互冲突的利益之上寻求公共利益，成为民主政治在当代发展的核心议题①。民主政治的核心议题也决定了民主治理的本质使命，即要求政府须不断回应人民的利益诉求，能够代表公共利益，制定的公共政策应能够调和各种利益冲突，实现公共利益的最大化。

综上可知，民主治理作为传统公共管理的替代范式，不仅回应了官僚制行政的诸多缺陷，还涉及民主政治和公共行政之间相互调适的问题。民主治理是将代表回应、公民参与、责任监督、权力制约、政府受限等民主价值渗入公共管理的过程，公共行政的核心价值也由效率优先变为民主价值优先。民主价值是民主政治理论和现实的发展基石，将它贯彻于公共管理的过程中，使行政获得政治属性，民主治理才得以产生。因此，民主治理具体表现在以下五个维度上。

---

① 赵成根. 民主与公共决策研究［M］. 哈尔滨：黑龙江人民出版社，2000：27.

1. 代表性

通过代表性官僚制来调整行政人员的构成，使得行政人员能代表并致力于服务公众的利益和需求，减少行政制度与民主价值之间的冲突。

2. 回应性

政府主动且持久地回应公众的各种诉求，成为人民群众和政党互动联系的桥梁。公共行政人员应依托民意进行服务，维护社会公平。

3. 参与性

公民和社会组织参与社会公共治理，政府以服务者的角色帮助公民进行利益表达和参与治理，形成以公民为中心的政府与人民合作共治。

4. 责任性

政府既要承担行政责任和法律责任，还需要承担道德责任和政治责任，向人民负责，公正高效地实现公众需求、维护公众利益。

5. 制约性

对政府权力的制约除了“三权分立”和“行政分权”进行直接监督外，还可以通过利益集团、非营利组织、大众传媒等社会组织和社会力量等渠道进行社会整体性制约。

## 三、民主治理下的政府责任

责任是政治过程的基础，责任原则要求民主政治对人民承担最终的责任①。在民主政治中，政府和人民是契约性的权责

① Dunn, Delmer D., Jerome S. Legge. U. S. Local Government Managers and the Complexity of Responsibility and Accountability in Democratic Governance [J]. Journal of Public Administration Research and Theory, 2000, 11 (1): 73-88.

关系，政府必须向人民负责。但这种责任实现方式经常出现脱节现象，使得人民的民主责任最终落空，政府的政治责任开始产生并被重视。因此，在民主治理下，对政府责任的关注不仅需关注传统官僚制行政背景下就存在的行政责任，还需关注民主政治发展到一定阶段所产生的政治责任，这也就意味着政府应当承担责任，采取积极措施，及时有效地实现公众需求、维护公众利益。

从行政责任诞生之日起，公共行政理论就对它给予了极大的关注。公共行政理论对行政责任的关注早期倾向于权责一致的组织原则，认为只有将权责一致作为组织职能分工与权力分配的依据，组织才能有效运行。随着公共行政卷入复杂的社会关系中，社会日益多元化，责任逐渐取代效率而成为行政的首要条件。正如芬纳所言："就其对于民主政府的重要性而言，行政责任并不亚于行政效率；从长远来看，它甚至是行政效率的一个促进者。事实上，这种主张是很有吸引力的，即责任是首要条件，并且如果责任得到恰当确立的话，效率就会随之而来。"① 行政责任与效率是相互促进关系，因此在公共治理中，行政责任是与官僚制专业技术相伴的责任，具体指行政机关及行政人员依法履行法律规定的职责权限并承担法律后果，以及依据具体的责任制度和问责机制，最终保证公共行政行为的规范化。

在对行政责任逐渐认可的基础上，学者转向对政治责任的关注。政治责任是民主政治发展到一定时期的产物，是民主政治的基本内容。民主政治最基本的原则是主权在民，人民是权力的所有者。人民无法真正行使公共权力，通过授权给政府使

① ［美］赫尔曼·芬纳．民主政府的行政责任［M］//马骏，牛美丽．公共行政学百年争论．颜昌武，马骏，编译．北京：中国人民大学出版社，2009：13.

其代之履行公共权力，而与授权相对应的，便是授权后的政治责任。在“责任”前面以“政治”范畴进行约束，表明必须是在政治生活领域中的责任，是对政府在政治生活中的角色的行为预期。因此，政治责任要求行政人员在行使公共权力的过程中最大限度地代表人民，实现人民的公共利益，即政府官员制定符合民意的政策，履行推动公共政策执行的职责，以及没有履行职责时应接受谴责和制裁。同时，政治责任是以制度的道德原则为前提的，制度道德的价值原则与个人道德的价值原则之间存在着关联，因此政治责任与道德责任也具有一定的相关性。道德责任或许可以通过与政治责任的严格性和有效性成正比的关系而发挥作用。但是，如果政治责任没有得到有力的实施，它就会陷入各种曲解之中①。因此，在行使公共权力的过程中，行政官员发现他们的道德要求与人民的要求不相符合时，必须以人民的要求为准则，只有这样，才能进行有效的民主治理。

从政府责任结构的角度来看，政治责任和道德责任是“行政责任的双重责任”②，两者分别是运用专业技术和个人道德进行行政活动时所承担的责任。道德责任属于内部责任；政治责任指行政人员代表人民，接受人民的监督和问责，最终实现公共利益，属于外部责任。弗雷德里克认为，职业化是确保责任的最佳途径，行政责任的实现要诉诸官员的专业尊严，也就是要进行内部控制。芬纳则提出相反的结论，认为弗雷德里克的责任观是专制体制的责任观，这种韦伯式的“责任感”非但不

---

① ［美］赫尔曼·芬纳．民主政府的行政责任［M］．//马骏，牛美丽．公共行政学百年争论．颜昌武，马骏，编译．北京：中国人民大学出版社，2009：31.

② Carl J. Friedrich. Public Policy and the Nature of Administrative Responsibility [A]. C. Friedrich and E. S. Mason (Eds). Public Policy [C]. Cambridge, Ma: Harvard UniversityPress, 1940: 12.

能保证行政责任的实现，反而只能培养出韦伯式的官僚，并因而成为极权主义篡夺民主的理论依据①。芬纳认为，行政人员的责任以外部控制为主，内部控制只能起到辅助的作用。

在内部责任和外部责任的基础上，介于行政人员个体自主性的高低，可将责任详细分为 4 种类型②，分别为层级责任、法律责任、职业责任和政治责任。其中，层级责任是传统官僚制下的责任，是最低层次的责任；政治责任是最高层级的责任，它不仅仅要求行政人员对选举产生的政治性官员负责，更要求行政人员对人民直接进行回应。登哈特夫妇在构建新公共服务行政责任观时认为，效率和结果在行政活动中固然重要，但过度的关注反而容易忽视行政责任的原本目的，因此责任的标准必须以人民的公共利益是否实现为基准。在现代复杂的治理体系中，行政人员需要扮演不同的角色，与此对应，承担的责任也是多重的。新公共服务的责任观是一种综合责任观，是一个由专业责任、法律责任、政治责任和民主责任组成的复杂的责任体系，民主责任是其中最重要的一种。在明确行政人员角色的基础上，政府应充分做好公民主动参与、积极授权及直接对话的工作，提高公民的回应意识，从而平衡这些责任可能产生的冲突。

政府责任是行政作风建设的基石和导向，对行政作风建设具有深远的影响。政府责任明确了行政人员在履行职责过程中应该遵循的原则和标准，这些原则要求行政人员保持公正、民主、透明、廉洁等。这些价值观是行政作风的精神内核，为行政作风建设提供了明确的方向。同时，政府责任的具体要求直

---

① 张乾友. 公共行政的非正典化［M］. 北京：中国社会科学出版社，2014：149.

② Barbara S. Romzek, Patricia Wallace Ingraham. Cross Pressures of Accountability: Initiative, Command, and Failure in the Ron Brown Plane Crash ［J］. Public Administration Review, 2000, 60 (3): 240-253.

接规范了行政作风的具体表现，强化了行政作风建设的责任感和使命感，促进行政作风与公众需求的对接，推动行政作风建设持续改进。当然，行政作风是行政人员及组织在工作、生活中表现出来的一贯的态度和行为，是党风、政风和工作作风等的具体体现，直接关系到政府公信力和权威性。行政作风决定了行政人员对待国家大事和民生问题的态度和方法，进而影响政府责任的履行。如果行政作风务实、创新、开放，政府就能更好地履行职责，为人民提供更优质、高效的公共服务；反之则无法有效履行职责，导致政策失误、服务不到位等现象出现。

## 第三节　人权保障要求下的政府

人权是人在其生存和发展中依其自然性和社会性所必不可少的权利，是人的自然性和社会性、个体性和群体性的统一。人权思想早在古代中西方便已形成，但其概念的首次提出是在1945年的《联合国宪章》中。而后，联合国大会通过《发展权利宣言》，在明确表达出全人类要求的立场上，对人权的概念体系进行了重要的补充和完善，人权理念俨然成为国际社会的广泛共识。2004年，我国第十届人民代表大会第二次会议通过宪法修正案，首次将人权概念引入宪法，明确规定国家尊重和保障人权，并将此作为国家根本大法的一项原则。在全面深化改革时期，人权具有价值基准的意义，尊重和保障人权已成为国家政治、经济、文化和社会发展的重要原则。

### 一、人权与国家治理现代化

党的二十届三中全会提出，“进一步全面深化改革的总目标是继续完善和发展中国特色社会主义制度，推进国家治理体系和治理能力现代化”。党的二十大提出，“依法治国是实现国家治理体系和治理能力现代化的必然要求”。法治中国建设与推进国家治理体系和治理能力现代化是同一个过程，推进国家治理体系和治理能力现代化就是运用法治思维、法治方式治理国家的现代化，都是为了保障人权，确保人民群众利益的最大化①。因此，人权保障与国家治理现代化之间有着内在联系，两者相辅相成。推进国家治理现代化的重要原则是尊重和保障人权，为实现国家治理现代化提供条件和动力。

1. 尊重和保障人权是国家治理现代化的基础

国家治理是在扬弃传统的国家统治的基础上形成的新概念，它强调多元主体合作管理社会，以人民的利益为中心，维护社会公共秩序，满足社会公共利益的需要。因此，国家治理现代化不是压制人权，而是以尊重和保障人权为基础和目标。具体而言，国家治理现代化包含民主化、法治化、文明化和科学化。其中，民主化是本质特征，法治化是重要依托，文明化是价值基础，科学化是显著特征，这四个方面既是现代化的内容要素，也是衡量现代化的综合标准，尊重和保障人权则贯穿其中。

国家治理的民主化是解决谁来治理和为谁治理的问题，是区别于传统国家治理体系的本质特征。民主化强调人民是国家治理的主体，通过公共治理和制度安排保障主权在民，始终全心全意为人民服务。因此，国家治理的民主化是对人民群众主体地位的尊重，也是对人权保障的认可和肯定。在中共二十大报告中，“人民”两字属于高频词汇，出现了 170 多次，“为中国人民谋幸福”贯穿整个报告。报告多次强调人民至上原则，体现了党始终把人民放在心中最高位置的政治立场和执政理念。民主是人权的重要内容之一，也是人权的政治保障。即使有了

① 杨海坤. 人权保障是推进国家治理体系和治理能力现代化的基础和目标［J].人权. 2014（5）：15-17.

民主，若不以尊重和保障人权为目标，这样的民主也会偏离正确的方向和价值，变得毫无意义。因此，人权是国家治理民主化的基础和保障。

国家治理法治化要求一切组织和个人的行为都必须在宪法和法律的范围内进行，要求公共权力运行制度化和规范化，参与国家治理的行为都纳入法治化的轨道。在治理方式的法治化过程中，只有坚持人民主体地位，保证公民参与权，同时约束政府对公共权力的运用，人权才能得以保障和实现。因此，法治是人权的产物，不以人权保障为目的的法治就不是真正的法治。人权保障也是法治的标志，是国家治理现代化的标志。将法治精神融入国家治理，就是要确立和强化人权和公民权利神圣的观念和信念，确保在各种考量中人权和公民权利具有优先性，这是使人活得自由且有尊严的内在要求①。法治是国家治理现代化的重要依托，离开人权谈论法治化和国家治理现代化是毫无意义的。因此，国家治理现代化就是建立以人权为基本精神的制度体系，不断完善法律制度，实现其最终目的。

文明化是建立在美好价值基础之上的，例如自由、平等、公正、法治等，人权是美好价值基础的体现。因此，国家治理文明化意味着人道，强调在具体的治理过程中以人为本，促进人的全面发展，保障每一位公民的自由和尊严。同时，尊重和保障人权是人类文明进步的基本标志，是社会和谐发展的动力之源。国家治理现代化注重提升人的价值，也是人权保障进步的体现。科学化是国家治理现代化的明显特征，也是国家治理的方向。国家治理科学化以尊重和保障人权为基础，使得治理主体拥有自主性，能科学地认识和把握治理规律，按照标准行使权力，履行各自专业化和职业化分工，进行科学化、精细化

---

① 张文显. 法治与国家治理现代化［J］. 中国法学. 2014（4）：5-27.

管理，使治理主体、国家与社会之间形成良好的互动，推进国家治理现代化。

2. 尊重和保障人权是国家治理现代化的实现条件

国家治理现代化以尊重和保障人权为重要原则。从上述内容可知，尊重和保障人权是衡量国家治理现代化的一个基本标准，处于基础和核心地位。国家治理现代化是一种新的治理理念和治理方式，从之前的统治、管理理念转变为治理理念，从传统的管理方式转变为新的管理方式。尊重和保障人权不仅为国家治理转变及创新指明了方向，也是推动治理理念和方式创新的根本动力。国家治理现代化的另一个重要特征是政权的合法性，它要求人民对政治共同体、制度和政策具有信任感和认同感，从而认可和服从公共权力和社会秩序。只有把人权保障内化于治理主体中，并将其体现在制度体系和政策的设计及运行之中，才能实现国家治理现代化。由此可知，人权的尊重和保障是国家政权合法性的基础，也是国家治理现代化的必要条件。

尊重和保障人权是实现善治格局的动力。伴随着双重社会转型的加速，传统的政府与社会高度合一的社会治理模式已经无法适应我国经济社会发展的要求，需要创新社会治理模式，改进社会治理方式，推进国家治理体系和治理能力现代化。因此，社会治理模式由单向管理模式向参与治理模式进行创新转变，治理主体多中心化，手段网络化，目的价值化，形成协商治理、多元共治的善治格局。善治是在一个坚持人权、民主、法治的政治和制度环境下，为达到公平和可持续发展而对人、自然、经济和财政资源进行的透明且负责任的管理①。实现善治格局，需要尊重和保障人权，体现人民的主体地位，需要人

① ［印］哈斯·曼德，穆罕默德·阿斯夫. 善治：以民众为中心的治理［M］. 国际行动援助中国办公室，编译. 北京：知识产权出版社，2007：11.

民的共同参与。换言之，多元共治的善治格局必须以尊重和保障人权为保障，否则便不是真正的善治。同时，尊重和保障人权作为善治的价值追求，使政府获得更多资源和信任。政府要提高公共服务水平，加强行为责任，促进人民对政府合法性的认同，加快国家治理现代化，促进形成善治格局。

尊重和保障人权是检验国家治理体系和治理能力现代化的标准。国家治理体系是指党领导人民治理国家的制度体系，国家治理能力是指运用国家制度管理社会各方面事务的能力。在国家制度体系的建构中，应该从尊重和保障人权的视角来创新制度和机制，对于不符合人权的机制和制度必须进行改革。在运用制度能力上，要求行政人员运用法治思维和法治方式，依法推行各项制度，这个过程就包含着尊重和保障人权的价值目标。因此，国家治理体系和治理能力现代化必须以尊重和保障人权为原则，改革不适应实践发展要求的体制机制，使各方面制度更加科学、更加完善。

## 二、人权与政府

政府是国家进行统治和社会管理的权力机关，行政人员是国家权力的行使者。“人权”一词来自西方，其概念也寓有不同时代的内涵。随着人权运动的兴起和发展，人权的概念逐渐被认可，人们认为人权是指每个人都享有或都应该享有的权利①。这既包含权利，如人身权利、政治权利等，也包含观念或原则，即人及人类社会应该怎样对待人、尊重人的判断和原则等。因此，政府和人权都是人类社会发展到一定历史阶段的产物，两者紧密联系。随着全球化进程的加快，人民的权利意

① 夏勇．人权概念起源：权利的历史哲学［M］．北京：中国社会科学出版社，2007：4.

识不断增强。政府的活动几乎涉及社会生活的方方面面，政府行为从各个方面影响人民权利的受益或受损，进而影响人民对权利的主张。可以说，政府行为与人民对人权的主张密切相关。因此，政府只有进行角色定位，摆正与人权之间的关系，才能实现尊重和保障人权的目标。

有人类社会，就有权利义务关系①。在原始社会，纵然没有国家、没有政府，权利义务关系也早已存在。人既有自然属性，也有着社会属性。自然属性是人的肉体存在及其特性，是人存在的基础。社会属性则是在实践活动的基础上人与人之间发生的各种社会关系，这种社会关系会产生权利、义务来区分人们的利益和要求，从而进行组织生产和生活。正如恩格斯所描述的，在原始社会，"父亲、子女、兄弟、姊妹等称谓，并不是简单的荣誉称号，而是一种负有完全确定的、异常郑重的相互义务的称呼，这些义务的总和便构成这些氏族的社会制度的实质部分"②。义务与权利是相对应的，"相互义务"的存在也就意味着"相互权利"的存在。这就是说，权利现象随着人类社会的产生而产生，先于政府而存在。同时，人权是人的本性需求。人们为了满足自己的欲望，必然会趋利避害，追求各种各样的权利，尽可能实现自己的利益。从人的自然属性角度看，人权是人的本能要求，自然属性是人权的权利内核。因此，以权利为依托的人权也先于政府而存在，是人类社会的产物。

在原始社会，由于生产力水平低下，人们之间的关系相对平等，权利处于一种自然平衡状态。当阶级社会出现之后，权利的平衡状态遭到破坏，人们便踏上了为权利而斗争的历程。

---

① 夏勇. 人权概念起源：权利的历史哲学［M］. 北京：中国社会科学出版社，2007：5.

② 中共中央马克思恩格斯列宁斯大林著作编译局. 马克思恩格斯选集：第四卷［M］. 北京：人民出版社，1977：24

如历代的奴隶运动、英国自由大宪章运动等。1789 年法国大革命时期颁布的《人权宣言》，用法律的形式确定了人权。人类历史其实是权力斗争的历史，人权不会因为政府的产生和消失而随之改变，而是来自对权利的不断追求，是权利不断扩大的结果。人权是自利性和互利性的统一。自利性是为了满足自己的利益需求，符合人本性的特性。互利性是在满足个人需要的基础上维护社会稳定与和谐。可以说，人权不仅满足个体的发展需要，体现了人道，也符合社会的发展需要，促进了人与人的和谐关系，使社会稳定有序。所以，人权成为人们追寻的理想，是人类的终极目标。

政府是国家公共权力的承载体和实际行使者。政府运用行政权力，依法对国家事务、社会公共事务实施管理。行政权力是能够支配大量社会资源的公权力，具有无限扩张性和易于滥用性。因此，政府需要在国家法律规定的范围内进行权力活动，超越法律授予的权限实施的行政行为都是无效的。依照人民主权思想，政府与人民之间实际上是委托—代理关系，政府的行为必须以人民的利益为依托，并对人民负责。因此，保护人民利益、尊重和保障人民的权利是政府行使行政权力的最重要目的。政府行使权力既要在法律规定的范围内，又需要积极、主动地进行指导与协助，从而为权利服务，尊重和保障人权。政府行使行政权力和保障人权两者之间是相辅相成的。

国家和政府最初都是权利之争的产物，都是为统治阶级利益服务的。在奴隶社会、封建社会，其政府分别维护的是奴隶主阶级、封建地主阶级的少数人的利益，奴隶、农民们无权利可言。在资本主义社会里，资产阶级虽然提出了人权口号，但极其片面和狭隘。因为资本主义生产资料主要垄断在少数资本家手中，其国家政府实际上维护的是少数资产阶级的利益。社会主义国家的生产资料为全民所有，人民是国家资源的所有者和享受者，一切权力属于人民，人民是国家的主人。因此，社会主义国家的政府是人民选举产生的，是人民的政府。政府以人民权利的实现与保障为活动宗旨，最大限度地为国民谋利益。从社会主义国家性质来看，社会主义国家政府对尊重和保障人权负有一定的责任和义务，也成了尊重和保障人权的工具和手段。政府的权力来自人民的授权，政府权力的扩大也就意味着人民权利的限缩；反之，人民权利扩大也表明政府权力减弱。可见，政府权力的设定和行使可以直接或间接地限制甚至剥夺人民的权利。因此，政府对于人权而言是把双刃剑，既可以保障人权，也可以削弱人权。只有在完善的法律制度和良好的制约机制下，政府的权力才能得以控制，才能维护好、保障好人权。否则，政府可能成为人权最直接或最大的威胁者。

人权保障原则是行政作风建设的核心价值导向和行为规范，对行政作风建设具有深远影响。人权保障原则要求行政人员在执行公务时尊重和保障公民的基本权利和自由，这是行政作风建设的理念引导，确保行政作风符合人权保障的精神。人权保障原则要求行政人员和组织在行使职权时严格遵守法律法规，其决策和行为公开透明，接受社会监督，避免出现滥用权力或侵犯人权的现象，这对于行政作风具有直接的规范作用，有助于形成规范、文明、公正的行政作风。同时，人权保障原则会促使行政人员加强法律学习，增强法治观念和人权意识，会增强公众对政府的信任和支持，公众参与意识的增强，有助于防止暗箱操作和不公正现象的发生，有利于行政作风的改善和优化。当政府切实履行人权保障职责时，公众也对其产生更强的认同感和归属感，从而有助于形成良好的行政作风氛围。

# 第三章　科学追求中的政府异化及官僚化

## 第一节　政治—行政二分原则

### 一、政治—行政二分的前提

在很长的历史时期中，行政与政治是联系在一起的，两者相互包含，之间界限模糊。一般认为，政治内含和控制着行政，是政治的统治工具，两者之间保持高度一体化特征。政治的核心问题是国家政权问题，具有一定的阶级性。国家是阶级矛盾不可调和的产物，需要通过行政来维护社会秩序。也就是说，有了国家也就有了行政，只是在不同历史阶段国家所代表的阶级不同，行政管理活动的性质也呈现不同的形态。在奴隶社会和封建社会中，社会生产力低下，社会关系简单，此时国家事务也不复杂，行政的本质始终是奴隶主阶级和封建地主阶级的工具，统治职能一直处于主导地位，行政则属于“统治行政”①。在近代社会的早期，西方各国通过资产阶级革命建立起资本主义国家，开始奉行自由放任主义，此时的行政是政治实现统治的附属工具。在第二次工业革命和城市迅速发展的冲击下，少数工业资本巨头利用对市场的垄断，使用贿赂等各种手

① 张康之. 公共行政学［M］. 北京：经济科学出版社，2010：16.

段来影响政治决策，导致资本主义自由竞争开始逐渐被垄断取代。面对在财富和政治上形成的垄断形势，民主主义者掀起了一场新民主主义运动。新民主运动借助于反对政治勾结和政治腐败，要求改革政府体制，扩大选举权，扩大政府行政职能，主张国家应该成为社会和经济进步的工具①。因此，政治与行政的分离有着深远的思想渊源，是在反对自由放任主义的思潮中生成的。

在西方国家资产阶级反对封建阶级斗争的过程中，资产阶级提倡自由、民主、平等的思想。国家对社会的不干预，以及对政府行政的限制，造成了政府的软弱无力，人民对政府极度不信任。19 世纪中后期，第二次科技革命促使生产力快速发展，经济结构发生巨大变化，社会管理的任务日益繁重，社会关系越来越复杂化，出现了一系列的社会问题。为了缓和、解决各种矛盾，维持社会稳定，政府开始转变消极、被动的状态，积极、主动地干预社会生活，政府职能不断扩大，而且更加复杂，行政机关和人员的数量也在急剧增加，行政管理活动越来越重要。据有关资料统计，1866 到 1914 年，美国联邦政府行政管理费用支出约从 4100 万美元增长为 1.7 亿美元，即增加了约 3 倍。联邦政府各行政管理部门的职工总数，从 1871 年的约 5.4 万人增加到 1914 年的 48.3 万人左右②。为了少走弯路，政府干预社会事务急需科学理论的指导。因此，从社会发展的现实条件看，政府职能的复杂化和公共事务的增多也是政治与行政分离的客观要求。

西方国家普遍采用过政党分肥制，其中以美国的政党分肥

---

① 丁煌. 西方公共行政管理理论精要［M］. 北京：中国人民大学出版社，2005：12.

② ［美］吉尔伯特·C. 菲特，吉姆·E. 里斯. 美国经济史［M］. 司徒淳，方秉铸，译. 沈阳：辽宁人民出版社，1981：555.

制最为典型。政党分肥制有两个明显的弊端，“第一个是，当它被运用于政府委任的官员时，它严重损害了行政效率。第二个是，即使把它用于选举的官员，自然用于委任的官员时更是如此，除了出于维持政党组织的需要以外，它没有任何理论上的正当理由”①。因此，在现实生活中，政党分肥制带来了行政人员素质下降、工作效率低下、争权夺利之风日益严重、过度集权引起大量腐败活动等诸多问题。特别是工业化时代到来后，生产力水平显著提高，政府职能日益复杂化，对行政管理人员的专业要求也越来越高，政党分肥制的弊端日益凸显。鉴于此，各国开始寻求新的制度，由此掀起文官制度改革。如英国建立考试委员会，将政府官员分为政务官和事务官；美国通过竞争性考试选拔公职人员，公职人员的考核、晋升等坚持“功绩制”，文职人员在政治上保持中立，禁止“强制任何人采取政治行为”②。文官制度改革为行政和政治的分立创造了条件，也为建立现代政府体制奠定了基础。

## 二、政治—行政二分思想的理论

政治—行政二分思想由美国政治学家、行政学家威尔逊在《行政学研究》一文中明确提出，后经美国政治学家、行政学家和法学家古德诺进一步阐述得以完善。在政治—行政二分思想正式提出之前，早期许多思想家都对其进行过研究，其中较有代表性的是斯坦因、布隆赤里等。

威尔逊的政治—行政二分思想受斯坦因和布隆赤里的思想影响较大。斯坦因从心理学的角度出发，认为国家是一定社会

① ［美］弗兰克·J. 古德诺. 政治与行政［M］. 王元，杨百鹏，译. 北京：华夏出版社，1987：61.

② 舒放，王克良. 国家公务员制度教程［M］. 北京：中国人民大学出版社，2014：20.

秩序条件下的人格主体，宪法与行政则是相对应的意志和活动。在他那里，尚没有明确使用“政治”与“行政”概念，而是用“宪政”与“行政”来代替。斯坦因认为，宪政规定行政活动的范围，但行政的内容不是来自宪政。可见，斯坦因对政治与行政分离的研究，无疑是服务于德国集权政府体制的，带有特定的政治倾向，它侧重于强调行政内容的相对独立性，关注行政内部运行规律，对威尔逊正式提出政治—行政二分思想影响深远。布隆赤里提出将政治与行政加以区分，认为一个国家具有政治活动和行政活动两种基本活动。政治是政治家的特殊活动范围，行政管理则是技术性职员的事情。政治如果没有行政管理的帮助就将一事无成，行政管理的任务虽由政治加以确定，但行政管理的问题并不是政治问题。

基于当时美国的民主政治体制，威尔逊从结构上否认三权分立学说，认为国家的权力应该掌握在决定政治的议会和执行政治的行政部门手中，提出了政治—行政二分法。他赞同布隆赤里关于行政与政治之间有区别的观点，并在此观点上进行了具体阐述，认为政治不干预政策的具体执行，行政也不参与政策的制定。有关政府活动的大规模计划并不属于行政管理的范围，公共行政是公法明细而系统地执行活动①。行政机构承担责任的必不可少的条件就是拥有巨大的权力和不受限制的自由处置权限，因此行政应该集权。为了保证行政集权发挥正效应，应该充分发挥公众舆论对行政权力的监督作用，即“为了对制定基本政策的更为巨大的力量进行监督，公众的批评则是完全安全而且有益的，是完全不可缺少的”②。同时，政治与行政之

① 彭和平，竹立家，等. 国外公共行政理论精选［M］. 北京：中共中央党校出版社，1997.

② ［美］威尔逊. 行政学研究［J］. 国外政治学. 1988（1）：48.

间联系密切。行政管理作为一种事务性领域，其任务是由政治确定的，是政治生活的组成部分。威尔逊在厘清了政治与行政两者之间的关系后，提出政治—行政二分思想。此后，威尔逊又指出，一个良好的政府必须拥有坚强有力的政务官和高效精干的文官。他重视文官制度改革，通过实行竞争性考试来选拔公职人员，以提高行政人员队伍的素质；要求公职人员必须对服务的政府具有坚定的忠诚，有端正的工作态度和良好的综合素质，同时给予他们相应的职业保障。政治—行政二分思想为文官制度改革提供了关键的理论基石，为此后的文官制度推行和强化奠定了基础。

对政治—行政二分思想的全面、系统论证应归功于古德诺。他认为对于政府问题不仅应当研究宪法问题，还应当研究行政体制的问题。“作为政治实体的国家行为，既存在于对表达其意志所必需的活动中，也存在于对执行其意志所必需的活动中”①，在所有政府体制中都存在着两种主要的功能，即国家意志的表达功能和国家意志的执行功能②。所谓政治，就是国家意志的表达，是民意的表现和政策的决定。行政则是国家意志的执行，也是民意和政策的执行，司法只不过是行政的一小部分而已。如此一来，古德诺否定立法、司法、行政的三分法，而代之以政治与行政的两分法。

政治与行政相互区别，也相互交融。政治与执行之间必须存在协调，如果政治的政策得不到执行，实际上只是一纸空文，甚至有可能导致政治的瘫痪。政治必须对行政进行适度的控制，而这种控制有时通过法律来达到。如西方国家普遍采用的议会负责制，既显示出行政的相对独立性，也显示出政治对行政在

① ［美］弗兰克·J. 古德诺. 政治与行政［M］. 北京：华夏出版社，1987：5.
② ［美］弗兰克·J. 古德诺. 政治与行政［M］. 北京：华夏出版社，1987：4.

一定范围内的控制。同时，政治对行政进行适度控制，还需要行政在一定程度上的集权。例如美国的分权制在防止专权和保障民主等方面有一定的可取之处，但会导致政治与行政的失调。因为这种分权特别是中央和地方的分权，造成了行政力量统一性的破坏，从而使国家意志的执行出现问题①。“在国家与地方政治共同体之间存在冲突的问题上，地方自治政府倾向于牺牲国家利益，因为它使国家意志的执行即使不是不可能，也是非常困难的。”② 如果地方政府不受中央政府的控制，很可能导致国家分裂。于是，中央政府通过加强立法来限制地方政府的权力，从而达到统一。一旦地方政府自治权遭受侵害，地方政府就会用不执行来对抗。因此，无论从行政效率来看，还是从民治政府本身存在来看，都应该鼓励行政集权，只有这样才能达到两者功能之间的协调。美国的政府体制中没有这种适度控制和必要集权，却仍然基本上保持了稳定和协调，主要归功于政党的调节功能。一方面，政党通过对立法机构和行政机构成员的挑选，可以恢复立法机构对行政机构的有效控制。另一方面，政府通过对中央和地方行政官员的挑选，可以维护分权体制下中央和地方行政系统的统一性，从而建立起必要的行政集权。

综上所述，政治—行政二分将政府的职能明确划分为政府职能和行政职能，即国家意志的表达和国家意志的执行。政治是国家在重大且普遍性事项方面的活动，行政是国家在个别和细微事项方面的活动。政治不干预政策的具体执行，行政也不参与政策的制定。政治可以通过法律等形式对行政进行适度的控制，行政不同于政治，不在政治所特有的范围之内，但又无法摆脱政治。因此，行政不应像政治那样分权，而应集权。威

---

① 丁煌. 西方行政学说史（修订版）[M]. 武汉：武汉大学出版社，2004：34.
② [美] 弗兰克·J. 古德诺. 政治与行政 [M]. 北京：华夏出版社，1987：31.

尔逊等人对政治—行政二分法的研究仅仅站在资产阶级利益的基础上，侧重影响行政变革的政府制度方面，而并未深入行政管理内部的具体技术性细节。因此，这还只是一个起步阶段，后期学者们将进一步研究，尤其会针对具体技术性问题进行研究，从而使其全面、深入、系统地展开。

### 三、政治—行政二分原则的批判与辩护

政治—行政二分原则是在行政发展的客观原因下形成的，两者分化的结果是现代公共行政从此诞生。自该原则提出后，政治与行政便处于一种紧张关系。一些政治家对政治—行政二分原则提出了批评意见，尤其是对政府的价值中立持怀疑的态度。现代社会是一个政治泛化的社会，在政府的行政程序和行政行为中，不可能不贯穿着政治精神，甚至具体的活动中都体现了政党政治的影响①。实践中，罗斯福“新政”将政府活动与政党活动作为一个统一的领域，利用国家政权的力量大力干预经济，促进生产力的恢复，这也使得政治—行政二分原则在实践中遭遇了挑战。同时，公共政策科学的研究对其提出了更多批评意见。在公共政策执行过程中，行政人员在法律规定的范围与幅度内行使行政自由裁量权，而且在政策制定过程中，政府需要对他们进行咨询，听取其建议。政府需要明白，政策的制定与政策的执行是不同的，因为行政本身是构成政治的一个重要组成部分。在执行政治任务的过程中，行政需不断做出随机应变且能代表国家意志的政治性决策。因此，政治—行政二分不是一个必须遵守的教条。

新公共行政学派则将政治—行政二分原则看作为了改革当

---

① 张康之. 寻找公共行政的伦理视角［M］. 北京：中国人民大学出版社，2002：29.

时美国极度腐败的吏治、推行公务员制度所做的理论准备，是一种策略上的需要。传统的行政研究在政治—行政二分原则的指导下进行，行政研究局限在狭窄的领域内，且奉行价值中立的准则，主张效率是公共行政的至善。事实上，管理者既从事行政执行，也从事政策制定，纯粹的价值中立是不存在的。对效率原则的过分追求会使公共行政丧失人性化，甚至可能出现有行政而无公共的境况。因此，新公共行政学以社会公平为核心，倡导参与、责任等价值观，追求的是民主的实现。行政人员不可能价值中立，他们应该以良好的管理和社会公平作为奋斗目标或者理论基础。正如弗雷德里克森所言："真正的政治—行政二分法不是公务员应该被动地服从政治权威，而是身居要职、具有公民精神的代表，真正充当正义和公平的监护人。这些公共的价值是超越任何统治者的暂时的政治利益的。"① 同时，公共行政具有政治性。政策制定往往提供原则性目标，而具体的政策是由行政机构及人员制定，并通过行政机关人力、物力、财力规划得以实施的。因此，政治与行政的连续性，以及行政管理与价值的关联性，需要寻求具有灵活性的行政组织结构②。行政人员不仅需要在公共政策执行中尽职尽责，还需要以主动的态度参与政策议程，并善用行政裁量权发展公共政策，使政策尽可能解决社会问题。

继新公共行政学派之后，新公共管理学派对传统公共行政的政治—行政二分原则做出进一步批评，提出对行政人员进行政治控制的要求。传统公共行政强调政治与行政的分离，强调公务员不得参与政党活动等，这些都是没有意义的理论假设。

---

① ［美］乔治·弗雷德里克森. 公共行政的精神［M］. 张成福，等译. 北京：中国人民大学出版社，2003：194.

② 张康之. 寻找公共行政的伦理视角［M］. 北京：中国人民大学出版社，2002：31.

实际情况恰恰相反，政治因素一直隐藏在公共行政中，并影响公务员的日常行政工作，公务员与政务官员之间的相互影响是不可避免的。基于这种看法，应对部分高级公务员实行政治任命，让他们参与政策的制定过程并承担相应的责任，以保持他们的政治敏感性①。这种政治任命和明确责任机制的方式不仅可以加强对公务员的政治控制，还可以增强他们对政治的回应性，更适合当代社会的发展要求。

综上所述，政治—行政二分原则自提出后，在理论和实践方面都不断受到质疑和批评。但是，政治—行政二分原则的提出，确立了公共行政的边界，使行政及其研究成为一个独立的领域。在其后的研究中，在政治—行政二分原则框架下所进行的行政科学化、技术化的追求也暴露出许多缺陷，政治—行政二分原则的确值得怀疑。虽然不同时期的理论对政治—行政二分原则进行了激烈的批评，但是并未提出一种建设性的方案来取而代之，甚至有些理论支持政治—行政二分原则。如新公共管理学派主张政府是掌舵者，而不是划桨者，这种掌舵职能与划桨职能对应的决策与执行的分离实质上是政治—行政二分原则的延续。因此，政治—行政二分原则仍是公共行政学研究的基础，在公共行政中的地位并没有被撼动。

在公共行政思想发展的过程中，政治—行政二分原则是公共行政学理论框架设计及研究范围划分的基础。在公共行政实践中，它解决了当时政党分肥制带来的种种问题，促使人们对国家政治体制产生新的看法。因此，从社会环境和理论背景来看，行政从政治中分离具有里程碑式的意义。“虽然现代行政学者对在政治和行政之间划一条确定或永久的界线的可能性和

---

① 吕志奎. 从二分走向整合——“政治与行政二分法”的反思与超越［J］. 电子科技大学学报（社会科学版），2012，14（3）：1-8.

理想性，或一般称的‘政治—行政二分’——一般不加赞同，但威尔逊提出的问题是长久的和重要的。”① 同时，政治—行政二分原则是建立在合理的限度上的，不主张纯粹的分权学说，如威尔逊主张行政独立的目的在于平衡执行权在国会中的作用，不主张政府部门间的独立；古德诺强调政治对行政的控制及两者之间的协调关系，是追求政治与行政之间的合理界限。因此，政治与行政是一种相互影响的关系，两者不能完全分离，如何让政治与行政之间达成协调是公共行政面临的一大难题。

## 第二节　科学管理运动的

深入调查研究，最终发现企业出现管理落后、生产混乱、劳资关系紧张、工人磨洋工现象的症结在于工人缺少科学的工作定额和工资报酬，缺少科学的工具和操作方法。因此，科学管理首先须制定严格的规章制度和合理的工作量，管理应该是一种规范化、标准化和制度化的管理，“最佳的管理是一门实在的科学，基础建立在明确规定的纪律、条例和原则上”①。其次，科学管理须为工作挑选“第一流的工人”，培训工人掌握科学的工作方法。“第一流的工人”是指每一种类型的工人都能找到适合自己的某些工作，使自己成为第一流的工人。对于那些不愿努力工作的工人，应该采取教育和纪律约束措施，并配合刺激性的薪酬制度，使之努力工作。而对于那些尚未掌握科学的工作方法的工人，应当对其进行传授科学方法的培训，使之成为“第一流的工人”。最后，科学管理须实行标准化原理，使工人掌握标准化的操作方法，使用标准化的工具、机器和材料，并使作业环境标准化。在此之前，工人的操作技巧等都是师傅们凭借经验代代相传的，工作时间的安排都是管理人员根据自己的判断或记录来确定的，都缺乏科学依据。企业应用科学的方法对工人的操作方法、使用工具、劳动和休息时间进行搭配，将各种最好的因素结合起来，形成标准化管理。同时，企业实行刺激性的工资报酬制度——计件工资，鼓励工人努力工作，调动工人的工作积极性。这种工资制可以克服工人出现磨洋工的现象，使生产成本更低，工人则可以得到更高的工资，这对于工人和雇主来说都是有利的。

为了提高生产率，科学管理主张明确划分计划职能与执行职能，提倡规范化、标准化、制度化的管理。计划职能由企业

---

① ［美］F. W. 泰罗. 科学管理原理［M］. 胡隆昶，等译. 北京：中国社会科学出版社，1984：55.

管理当局负责，企业管理当局设立专门的计划部门来承担，主要职责是从事全部的计划工作并对工人发布命令。现场的工人则从事执行职能，按照计划部门制定的操作方法和指示，从事具体的操作。由此，企业管理当局和工人两者分工明确且相互依赖、相互合作，劳资关系融洽。在组织机构的管理上，规模较大的企业不能只依据职能原则来组织和管理，而必须应用例外原则，即把一般的日常事务授权给下级管理人员去处理，高级管理人员只负责对重要事项进行决策和监督，如企业重大战略问题和重要人事任免问题等。这可以让高级管理人员有足够的精力来处理最重要的事情，逐渐形成管理的分权制，保障正常管理工作的稳定性。

泰罗的科学管理理论广泛运用于企业管理中，使得企业生产效率成倍提高。标准化、规范化和制度化的管理促使企业降低生产成本、做大规模、获得竞争力，加速了资本的积累。美国的政治、经济、文化都受到泰罗的科学管理思想的影响而发生了巨大的变化。从美国经济总体来看，1890 年至 1921 年，工人的实际工资增长了一倍，每周平均工作时间从 1890 年的 60 小时降至 1920 年的 50 小时。1919 年至 1929 年，美国工人的劳动效率提高了 43%①。这一时期生产率的快速提高，主要归结于泰罗的科学管理理论的普遍运用。现代企业实行的标准化管理、目标管理、管理体系认证等，都是科学管理理论广泛运用的成果。

## 二、科学管理的现代意义及局限性

一直以来，人们对科学管理理论褒贬不一、众说纷纭。泰

---

① 王永民. 泰罗管理思想本质的再探讨 [J]. 中山大学学报论丛，2005 (2)：40-47.

罗的科学管理理论是基于当时生产率低下、工作环境恶劣、雇主与雇员之间关系不和谐等现实背景，通过大量的试验、系统的研究和分析逐步形成的。回顾管理学发展史，泰罗的科学管理理论将工具理性运用到管理学的理论与实践中，现代很多管理理论都是以科学管理理论为基础发展而来的，时至今日，泰罗的科学管理理论仍有借鉴意义。

科学管理理论都是围绕提高劳动生产率来进行论述的，该理论认为，实现高工资和低成本是提高劳动生产率的唯一途径，一切管理制度和方法都须围绕如何提高劳动生产率来产生。科学管理理论围绕这一中心问题，通过试验，将一流工人的技术经验、操作技巧等归纳成一套标准化的操作规范，对挑选出来的“第一流工人”进行培训，从而极大地提高工作技能，提高劳动生产率；同时，推动机构改革，设置相应的部门体系，把计划职能和执行职能分开，实行职能工长制和例外原则，明确企业和工人各自的职责，妥善处理好技术与管理的关系，使先进的技术与管理相得益彰。科学管理理论非常认可劳资双方的合作关系，认为只有劳资双方相互协作，改变相互对立的关系，共同为提高劳动生产率而努力，才有利于提高劳动生产率，雇主和工人双方才可以达到各自的目的。虽然泰罗的这种观念在当时的社会历史条件下并没有实现，但科学管理理论揭示了管理中的基本原理，即双方须养成合作的精神，相互合作才能够给各自带来最大的利益。

在特定时代历史背景下孕育的产物必然具有局限性，泰罗的科学管理理论也不例外。首先，科学管理理论是工业社会的产物，必然具有工业社会的时代特征。科学管理理论主要是围绕如何提高生产率开展的一系列研究，认为提高生产率可以使工人获得高工资，也使企业家有更低的生产成本，从而解决工人与资本家之间的矛盾。事实上，生产效率提高幅度越大，工人与资本家之间的矛盾越深，两者之间的力量极不平衡。历史发展证明，只有当工会的力量足以和资本家对抗时，双方才能公平地谈判，工人们才能获取应得的利益。因此，科学管理只能缓解工人与资本家之间的矛盾，而不能最终解决二者之间的矛盾。其次，科学管理信奉的理念是，产品越多越好，企业规模越大越好。该理念的建立具有时代局限性。19 世纪，社会的供求关系不均衡，用标准化管理企业可以提高生产能力，获取更丰厚的利润。随着生产技术的进步，人们的需求也逐渐多样化和个性化，大批量、标准化的生产模式越来越不能满足人们的需求，这一理念已不合时宜。在需求多样化、个性化的竞争环境下，科学管理理论只关注具体岗位的作用和职能，而忽视企业整体的流程管理，逐渐难以适应新环境的变化。最后，科学管理理论认为，只要挑选第一流的工人、适用标准化的工具、按照标准化的流程操作，就能够确保达到较高的效率，满足企业和工人的需求，这只适用于市场需求单一、需求变化缓慢的工业社会。进入知识经济时代后，标准化模式发挥的作用越来越小，工人的知识和技能的作用却越来越重要。因此，企业只有通过建立新的组织形式、运用多样化的激励手段来开发和调动工人的工作潜能，增强企业的应变能力，才能不断适应市场需求和企业的发展战略。

在泰罗的科学管理理论的推动下，西方形成了一场科学管理运动，推动了西方公共行政学的兴盛。尽管科学管理理论是针对企业管理提出的，但是随着政治—行政的分离，人们开始强调行政管理事务的非政治化，在公共行政领域运用科学管理理论具有一定的可能性。莱芬韦尔把科学管理理论运用于机关办公室管理工作中并取得了成功，库克成功地将科学管理理论运用到市政管理工作中……正如美国公共行政管理学家波兹曼所提出的，科学管理理论在公共行政的实践和政府研究中具有很大的影响，在 1910—1940 年一直对公共行政起着支配作用①。因此，政治—行政二分法为公共行政学成为独立学科提供了理论框架和支撑，泰罗的科学管理理论对公共行政管理的科学化和技术化起着推动作用。

泰罗的科学管理理论与政治—行政二分法具有内在的耦合关系，与官僚制理论具有相通的精神气质。科学管理之前的管理纯粹是受行为习惯支配的经验型管理，缺乏普遍适用的管理知识体系，没有共同的管理行为准则。科学管理改变了经验型管理的非专业性特征，建立了专业化和普遍化的管理原则和方法，这一点与理性官僚制取代非专业化、人格化、非理性的非官僚制具有相通性。同时，科学管理理论在追求提高生产率的过程中，采取管理标准化和程序化，职能分工明确，强调管理权威和等级控制等方面，这与理性的官僚制一致，科学管理理论的层级式管理结构与官僚制的组织结构是相似的。因此，科学管理理论是公共行政理论的重要来源之一。

## 三、科学管理重心的转移

泰罗的科学管理理论一直遭到许多非议，批评主要集中在对“人”这一重要因素的认识上。科学管理理论一直围绕着提高劳动效率进行研究，把工人看作“经济人”，因此科学管理理论被认为是以“制度”与“物”为中心的理论，其本质是物本管理。但是，科学管理理论又意识到劳资关系的重要性，而且运用人性化的管理方法争取工人的合作与协调。事实上，泰罗的科学管理理论是人本管理的一个里程碑，其中已蕴含了大

---

① [澳] 欧文·E. 休斯. 公共管理导论 [M]. 金竹青，译. 北京：中国人民大学出版社，2001：40.

量朴素的人本主义管理思想①。因此，对科学管理理论的本质不能简单片面地进行判断。科学管理思想过程的演变与泰罗的自身经历联系在一起，管理思想的重心从以效率为中心转向重视人在管理和生产中的作用，科学管理的本质也随之发生变化。

泰罗出身于一个富裕的律师家庭，但他早期的职业为工人、总工程师等，从事实际的操作和管理工作，这奠定了泰罗科学管理理论的基础。科学管理理论提倡以科学方法为手段来代替早期的经验管理，其目的是提高劳动生产率，使雇主和工人获取最大的收益。早期的泰罗是一个效率中心主义者，他将科学方法与工人相结合，制定标准和规章制度来规定和下达任务，培训工人完成工作任务的技能，推广先进工作方法，从而达到最高的工作效率。在这一思想的传播过程中，越来越多的人反对这一思想，工厂也时常出现罢工现象。泰罗随后开始不断反思，越来越关注人在管理中的作用。科学管理理论的运用不仅是使雇主和工人的收入增加，其根本目的是满足人的物质和精神需求。“实行科学管理得益最大的是工人，他们的工资收入比未实行科学管理之前增加 30%—100%。……工人最大的利益不是增加收入，而是实行科学管理后，工人不再把雇主看作对头而是看作自己的好朋友，他们懂得了友谊和合作比冲突更好些。”②

在 1901 年以后的著作中，泰罗非常注重平衡制度与人之间的关系，也逐渐意识到提高薪酬待遇仅仅是提高工人工作积极性的要素之一。他强调工人是社会人，工人的积极性与社会和心理等因素都有关系。泰罗把工人视为有各种需求的人，认为

---

① 郭咸纲. 西方管理思想史（第二版）［M］. 北京：经济管理出版社，2002：110.

② ［美］F. W. 泰罗. 科学管理原理［M］. 胡隆昶，等译. 北京：中国社会科学出版社，1984：241.

工人也有强烈的感情需要，关心工人的感情也是科学管理的特点之一。因此，泰罗对工人非常尊重，注重培训激励、目标激励和职业生涯激励，从人的需求出发，不仅满足工人获得尊重的需求，也满足工人自我实现的需求。同时，泰罗的科学管理理论认为，雇主的目标与工人的目标应达到高度一致，只有两者之间相互协调，建立良好的合作关系，才能实现利益的最大化，因此需在两者共同利益一致的基础上，重视劳资双方的合作与协调，形成和谐的上下级关系。和谐的人际关系比制度更重要，资方和工人的紧密、亲切和个人之间的协作，是现代科学或责任管理的精髓①，协作与合作是科学管理的两大要素。沟通是实现上下级之间合作与协调的主要方式。泰罗认为，雇主应对工人保持平等的态度，密切关心工人的情感生活，既要体谅工人所遇到的困难，也要让工人知道雇主自身的情况和困难，双方应相互沟通与协作，从而使得工人与雇主之间形成深层次的整合关系。因此，劳资双方之间需加深接触、扩大沟通。科学管理理论强调，必须找到组织与员工个人之间高度一致的目标，强调员工之间及员工与组织之间相互交流与合作，形成良好的劳资关系，这其实也蕴含了人本管理和丰富的人际关系思想。

尽管科学管理采用物质刺激和制度管理来提高劳动生产率，但如果将其定性为物本管理，显然是不客观、不全面的。从上述可知，泰罗是将工人作为人来激励，充分尊重工人，全面了解工人情况，让工人的能力与工作相适应，通过培训满足工人成长的需要，从而实现工人的自我管理。科学管理的目的是提高劳动生产率。科学管理作为一种技术方法或手段，由诸多要

---

① ［美］F. W. 泰罗. 科学管理原理［M］. 胡隆昶，等译. 北京：中国社会科学出版社，1984：164.

素相结合，其中最重要的要素就是劳资双方相互协调、合作、理解及信任，从而建立良好的人际关系，实现双方利益的最大化。为了实现这个目标，泰罗的管理思想中出现了一系列人性化管理手段，比如精心挑选工人，培训工人，满足工人更高层次的需求，明确工人与管理者的职责，等等，这些具体的管理事项无疑与人本管理的核心理念相吻合。因此，科学管理与人本管理具有内在联系性与一致性。科学管理理论的重心到了中后期也开始发生转移，从以效率为中心转向重视工人在管理和生产中的作用，不断凸显人的作用。不可否认，由于时代的局限性，科学管理理论强调制度与方法的重要性，认为对人的管理只是提升效率的一种手段。但是科学管理理论的实质并非一种方法与手段，而是一场全面的思想革命，建立人与人之间的合作关系、培养和谐的氛围等理念在其整个思想体系中处于核心地位。

## 第三节　官僚制组织的机械化

### 一、官僚制的组织理论

官僚制是一个国家中的官僚组织和行为体系的综合，是国家政治体系的一个组成部分，是国家对社会实行统治和管理的工具，是在社会统治和支配行为发展到一定阶段而出现的制度化的社会组织现象①。因此，官僚制是服务于国家统治与管理的组织管理模式。官僚制的出现是社会分工的结果。随着生产力的发展，以及政治和经济职能的增加，为了实现政治权力的

---

① 张康之. 寻找公共行政的伦理视角［M］. 北京：中国人民大学出版社，2002：35.

有效运作，国家职能出现了分化的趋势，掌管国家某一方面的、有统治或管理职能的职位也固定下来。社会分工是社会职业化的运动，也使国家政治统治和管理领域进行职业分化，加上统一的货币标准量化，从而使得官僚呈现出职业化的趋势。

在古代中国，官僚制的组织形式便已存在，并成为国家政治生活的重要组成部分，如专门的食禄阶层等。官僚制的存在是以公共需要等经济活动为基础的，“从一开始就控制着战国时代的封建性质，并将儒士阶层的思维一再纳入管理技术与功利主义的科层官僚制的轨道”①。从历史上看，管理思想从战国诸侯的竞争开始就逐渐向官僚制方向移动，秦始皇统一六国后，以郡县制代替封建制，官僚制已成为唯一选择。

作为国家政治体系中一个相对独立的组成部分，现代官僚制是近代社会的产物。19 世纪后期，英国出现文官制度，官僚制作为一种行政体制进入政治生活领域。随着城市化、工业化的不断推进，到了 20 世纪，官僚制成了几乎所有国家政府治理的理想选择，成了现代社会的世界命运②。

德国社会学家韦伯是古典社会学理论和公共行政学最重要的创始人之一，是现代理性官僚制的创立者。他从人的社会行为入手，从历史发展的视角勾画出不同类型的官僚制的性质、历史地位、基本特征，并构建了官僚制的理论模型。对官僚制理论影响最深远的是韦伯对德国的行政理论和古斯塔夫・冯・施莫勒的行政组织发展进程的研究。韦伯从组织形式这一基本问题出发进行研究，将政府管理控制形式的演变和社会经济的发展联系起来，意识到权威在维持和支配组织中起着重要作用。

---

① ［德］马克斯・韦伯. 儒教与道教［M］. 王蓉芬，译. 北京：商务印书馆，1995：87.

② ［美］安东尼・奥罗姆. 政治社会学导论：对政治实体的社会剖析［M］. 董云虎，李云龙，译. 杭州：浙江人民出版社，1989：71.

同时，与社会支配行为方式相对应，韦伯将权威分为卡里斯玛权威、传统权威及合理—合法权威，基于三种权威形成三种不同的组织类型。卡里斯玛权威形成的组织以对个人的能力、品格及精神的崇拜和迷信为基础。这类组织主要出现于宗教或政治的小规模的革命运动中，管理过程带有感情色彩并且非理性。与传统权威相适应的组织以对传统文化的信仰与尊重为根基，相信传统和统治的合法性具有世袭性、封建性和绝对性。这类组织的领导都是按照组织惯例承袭下来的，管理纯粹是为保存过去的传统而行事，效率低下。合理—合法权威形成的组织以组织内部各种规则为基础，依法建立起等级体系，人们对权威的服从主要出于对组织规则的服从和对法律的信守，因此领导者与被领导者之间在法律地位上是平等的，都要受到组织规则的约束。韦伯将与合理—合法权威相适应的组织形式视为“理想的官僚制”，这也是现代社会中占主导地位的权威制度。

韦伯对传统的官僚制持否定态度，极力构建理性官僚制。韦伯认为，理性官僚制是效率最高的组织形式，是一种高度理性化的组织机构的理想形式，它应是一种以分部—分层、集权—统一、指挥—服从等为特征的组织形态，也是现代社会实施合法统治的行政组织制度。可见，韦伯的理性官僚制与传统的官僚制存在本质上的不同，其基本特征为：第一，依据需要实现合理分工，明确划分组织成员的职责权限并使之合法化；第二，将职位按权力等级组织起来，实行职务等级制和权力等级化，形成一个统一指挥的、权力线鲜明的权力体系；第三，根据合理—合法的原则制定一套严格、系统的规则和程序来规范组织及其成员的管理行为，保证整个组织管理工作的一致性和明确性；第四，一切重要的决定和命令都以正式文件的形式下达，记录在案，用毕归档；第五，管理工作以法律、法规和正式文件等来规范组织成员的行为，公事和私事之间有明显的界限；第六，理性官僚制建立在高度的分工和职能专业化的基础上，组织必须配备专家和技术人员，以适应工作的需要；第七，人事行政制度包括组织人员的考试录用、任职、工资福利、晋升、奖惩等相关制度，对每一项制度进行规范，尽可能做到因事设职、专职专人、量才用人、任人唯贤。

上述特征显示，官僚制组织是一种理想的组织形式，从技术观点来看可以使组织最大限度地发挥效率，是对人类行使支配的已知方式中最为理性者。在明确性、稳定性、纪律的严格性以及可赖性方面，它比其他形式的组织都优越①。然而，这种理想化的组织模型在现实中的运用并未取得预期的成效，反而导致组织的低效率和功能失调，甚至出现政府失灵问题。由此可见，理性官僚制无疑是官僚制研究领域不可逾越的界碑，它成就了韦伯这位著名的思想家，但也遭到了后继学者的不断批判和修正。

## 二、对官僚制的反思

随着时代的变迁，官僚制在实践运用中暴露出固有的缺陷，官僚制的问题成为学术思想研究中最引人注目的问题之一，学者们纷纷对这一问题发表意见。但是无论对这个问题持肯定态度还是抱以批判的眼光，学者们对官僚制的统治意蕴的观点都表示赞成。韦伯从人的社会行为方式的分类出发，分析出三种社会支配方式的组织形式及其存在的前提，通过对社会史的研究，概括出三种统治类型，即个人魅力型统治、传统型统治和法理型统治。个人魅力型统治是依靠统治者的个人魅力进行的直接统治，依靠的是感情和信仰，因而这种统治具有很强的不

① ［德］马克斯·韦伯．韦伯选集：支配的类型［M］．康乐，等编译．台北：远流出版事业股份有限公司，1996：22．

稳定性。历史上出现的个人魅力型统治都具有过渡性质，一旦拥有个人魅力的统治者生命终结，这种统治往往会演化为传统型统治。传统型统治又称官僚型统治，是建立在人们对传统的神圣性信奉的基础上，通过领导者的世袭得以延续的统治，依赖于制度化的合法性。这类统治往往有一个稳定的官僚集团，权力分层明确，并有一定程度的职能分类。传统型统治中有很多情感性和随意性的行为，在制度结构方面也缺乏科学性，并不是合理的统治。在近代社会成长起来的现代官僚制才是法理型统治，其将合法性建立在对理性法律的信仰上，是一种非人格化的法制关系，现代官僚制成为既合法又合理的统治形式。

纵观人类历史，为了维护、巩固和加强统治及增加其利益，统治者力图寻找具有合法性的统治方式。古代君主制国家中的“君权神授”论、近代国家的“国家主权”论，以及现代民主国家的“人民主权”论，这些都是在回答统治的合法性问题。因此，历史上的一切统治都把谋求合法性作为首要问题。韦伯对比分析历史上的统治类型，指出统治的合法性需要取得人们的承认和服从，即合法性就是人们对享有权威的人的地位的承认和对其命令的服从①。韦伯对合法性问题进行了系统的研究并使之成为经典理论。他也将官僚制问题的研究从统治的视角转向合法性问题，并揭示了统治与合法性问题之间的逻辑关系。

然而，韦伯在研究合法性问题时却表现出逻辑上的矛盾。他认为，现代统治应将合法性与技术合理性结合起来，提高技术合理性以激起合法性的活力，两者之间相互辅助、共同促进。理性官僚制的设计过程突出官僚制的科学性、技术性等形式合理性，而将合法性的问题更多归结于被人们主观承认与服从等价值认同。可以看出，在合法性问题的理解上包含着价值认同

---

① 于海. 西方社会思想史［M］. 上海：复旦大学出版社，2010：333.

因素，但在官僚制设计中忽略了价值认同因素，只是一味追求其合理性。同时，韦伯在对合法性问题的研究中试图刻意避免做出价值判断。统治系统的存在必须建立在其合法性的基础之上；反之，统治系统之所以合法，也取决于它的存在受公众的承认和服从。由此可看出这里在逻辑上设定了一个陷阱，双方相互论证，每一方的存在都成为对方存在的唯一理由，合法性理论的相互论证处于死循环的封闭怪圈中，这也是合法性理论的悖论。

韦伯的官僚制体系也是在“合法性”和“合理性”这两个概念的基础上展开的。合法性是统治方式存在的基础，是被统治者普遍认同且自愿服从的依据。任何合乎需要的统治都具有合法性。韦伯追求的官僚制要求合法性和合理性兼备，对历史上的官僚制的分析结果却是其缺乏合理性。韦伯依据合理性的原则，吸收传统的官僚制经验，对现代官僚制进行合理性设计。众所周知，韦伯是在对历史的叙述中建构官僚制模型的，他把官僚制的形成过程看作社会的合理化过程，认为这种合理化过程是历史发展的结果。通过实证，他将合理性分为实质合理性和形式合理性。实质合理性是一种价值判断，与人的感情因素联系在一起，是价值判断的基础，是对行动的目的和结果做出是否曲直的价值评价，其评价包括宗教信仰、一定的价值标准、传统习惯、社会主流价值观等，是主观合理性。形式合理性则是在统治关系中，行动方式倾向于在其手段和程序等方面尽可能地加以量化，从而使得行动本身及行动结束后目的实现程序的预测成为可以被计算的任务①。形式合理性是把价值判断转换成理性分析的规则和方法，用理性化的法律规范来判断事件

---

① 张康之. 寻找公共行政的伦理视角［M］. 北京：中国人民大学出版社，2002：68.

和行为的是非曲直。由上可知，实质合理性是伦理道德的主观合理性，形式合理性则是工具的客观合理性。实质合理性是传统社会秩序的特征，这种合理性在现代社会中已失去了它存在的条件，形式合理性和客观性才符合现代社会发展的特点和趋势。因此，理想型官僚制具有形式的合理性，这类组织具有分工明确、等级结构合理、拥有严格的规章制度和组织成员的非人格化等特点，有了超过任何其他形式的技术优势。

在理想型官僚制的描述中，强调客观的形式合理化的背后包含着对人的否定。现代官僚制意味着等级结构的科层化、专业化、非人格化、工具化等，这些都与现代社会强调的效率相呼应。众所周知，历史进步的趋势是人的发展，公共行政制度建设的最终目标是实现人的全面发展。为了实现这一目标，需要尊重行政人员的个人权利、维护他人的尊严，在为他人的个性发展提供保障的过程中使其获得人格上的升华，提高行政人员的道德修养，实现人的全面发展。因此，官僚制对人的否定是其致命的缺陷。它应当是以人为中心的体制，肯定人的价值及人的价值观念。法律制度和规则的形式合理性不能作为限制和控制行政人员的工具，而应当成为行政人员行为的支撑物。行政人员与法律制度及规则不是相对立的关系，而是相互依赖的，官僚制应当促使行政人员变得更加强大，从而更有效地为社会提供公共产品和服务。

### 三、官僚制的实践困境及救治

现代官僚制的理想模型设计一味符合形式合理性，片面追求纯粹功能主义和技术主义，回避价值因素的意义，不仅在理论上存在悖论，也会导致公共行政实践中的困境。特别是进入20世纪70年代后，全球化、信息化到来，世界各国的政治、经济、文化都发生了前所未有的变化，官僚制中存在的理论缺陷与时代发展不相适应的方面逐渐暴露出来，也引起了诸多实践问题，如效率与责任、官僚主义与腐败、集权与授权等，甚至公共行政经常性陷入困境。

合理性官僚制设计建立在整个社会合理化发展的假设基础之上。传统官僚制从属于非理性的价值合理性，而现代官僚制需要摈弃非理性的价值合理性，用目的的合理性取而代之。官僚制对于目的合理性的追求过于极致，为了达到目标压倒一切，甚至以牺牲一切为代价。现代官僚制组织为了追求效率，将价值、信仰等弃之不顾，用形式合理性的功利主义、技术主义和实证主义取而代之，行政人员被彻底物化，他们的忠诚也仅仅是服务于非人格的和功能性的目的。在工具理性张扬的同时，价值理性却在衰落。众所周知，在公共行政体系中，人是最基本的因素，应尊重人的价值、张扬个性，人的主动精神与创造对于行政效率的提高也是必不可少的。然而，理想型官僚制的设计不考虑人的思想意识因素和价值观念因素，不存在价值评价和价值判断。那么，这个设计在实践中就会引起非人格化与人性之间的内在冲突，日益暴露其缺陷，从而陷入一系列的矛盾之中。

实践中，官僚制导致官僚主义和腐败是一个不争的事实，两者之间的逻辑联系不容置疑。官僚制是以分部—分层、集权—统一、指挥—服从等为特征的科层制，是一种典型的集权体制。这种集权体制使得政府行为渗透到社会生活的方方面面，各种社会资源的配置都被政府垄断，即便部分经济资源是通过市场配置的，也是在政府的干预下进行的。官僚制体系通过严格的权威分层使得组织内部等级森严，权力实际上被少数人操纵，且往往缺乏监督和制衡。在官僚制严密合理性设计的背后，由于价值因素的缺位，官僚制体系及行政人员个体都表现出自我膨胀和滥用公共权力的倾向，在“公共”与“私人”之间失去了价值标准，从而出现了普遍的官僚主义和腐败问题。同时，官僚制在实践上又是一个授权体系。授权往往会导致上下级之间职责权限不清，不同部门之间只能交叉或重叠，部门及个体之间相互推卸责任，这些现象都与官僚制的基本宗旨相悖。依据官僚制原则建立起来的行政组织都有组织机构膨胀的现象，实践中不论怎样进行改革来精减机构及人员，都无法从根本上扭转该现象。归其原因，这也是由授权造成的。

随着公共行政机构规模的扩大及公共事务的增多，政务官与事务官之间的矛盾也多了起来。政务官作为官僚制的高层，无论在议会制政体下还是在总统制政体下，他们都具有政治性，对议会或者总统负责。事务官是职业性的、处理具体事务的行政人员，在专业技术上具有优势，极易形成特殊的利益群体，与政务官相抗衡。在官僚政府中，政务官与事务官之间的矛盾比比皆是，这样会违背行政目标，降低行政效率。在一党制国家中运用官僚制是一件极其危险的事情。官僚制的体系高度依赖条例和规定来建立等级制，合理的专业分工是作为达到目的的工具而存在的。然而现实中的政治与行政是融为一体的，政府是政治活动的主要实体，政治则是政府行政执行的目标和基本内容。一党制国家如果盲目照搬政治—行政二分的做法，就要求党政分离，那么一党制就不可能建成一个完整的政治体系。

韦伯在进行官僚制设计的时候已经意识到这些致命的缺陷，并试图在官僚制的外部寻求办法来进行部分救治。官僚制的主要缺陷在于其形式合理性与非人性，弥补措施主要集中在集权和对卡里斯玛精神的呼吁两个方面。通过将集权进一步扩大到社会生活的一切领域，强化社会对人格化了的政治的心理认同，让政治在弥补官僚制缺陷中发挥作用，克服现代官僚制中存在的非理性。通过呼吁卡里斯玛精神，让政治领袖个人独立的政治人格来填充官僚制形式合理中的价值空白，从而弥补官僚制的缺陷。同时，哈贝马斯基于社会生活现实层面，提出通过交往行为来寻求现实生活中官僚制的形式合理性与实质合理性相融合的可能性。所谓交往，是指两个或者两个以上言谈与行为主体以达到理解为意向而进行的活动。其间，为了经过认同来协调其行为，行为者寻求着对行动境况及行动计划的理解①，即通过改变话语和言谈途径，让所有处于同一环境中的人可以自由地通过商谈、对话形成共识，使价值理性与科学理性融为一体。哈贝马斯有着更强烈的批判精神，注重基于社会生活现实进行思考，与韦伯从外部寻找合理性救治相比，其解决方案更具理论深度。然而，他并未论及交往合理性如何对形式合理性与实质合理性进行整合，使得交往行动理论成为一种预期，而不能真正解决现实问题。因此，交往行动理论也未从根本上解决官僚制的缺陷问题。随着科学技术的发展，以及全球化、信息化时代的到来，人们更加意识到文化和价值的重要性，在面对官僚制的缺陷时需要从价值本质出发寻求办法，才能从根本上实现救治。

## 第四节　公共政策工具的显性化与制度铁面

公共政策是国家通过对资源的战略性运用，为实现社会目标、解决社会问题而制订的公共行动计划、方案和准则，是当代政府公共管理的一项主要职能。因此，各国在推进社会发展中的各项工作及改革时都需要依赖科学地制定和实施公共政策来完成。“工欲善其事，必先利其器”。在公共政策中，政策目标是“事”，政策工具则是“器”，政策工具的选择与设计是影

① ［德］哈贝马斯. 交往行动理论：第一卷——行动的合理性和社会合理化［M］. 洪佩郁，蔺青，译. 重庆：重庆出版社，1996：86.

响公共政策有效执行和政策目标实现的一个关键因素。

无论在实践还是在理论中，政策工具理论都以其广泛的应用性获得了普遍的关注，甚至与“政府改革与治理”“公共政策的理论与实践”及“公共组织理论”一道，被列为中国公共管理理论亟待研究的四个重要领域①。在推进社会进步的过程中，政府必须依据政治、经济及文化等发展的情势，制定相应的公共政策，借助政策工具这个媒介与手段来达成目标。因此，政策是目标与工具的有机统一，工具是达成目标的基本途径。所有的公共政策，不论发展型的、调节型的、禁止型的，还是其他型的，都含有某种控制的因素在内，即它们总是通过这种或那种手段，旨在让人们做某些事情、不做某些事情，或者继续从事他们本来不愿从事的活动②。公共政策的目标固然重要，但选择合适的政策工具，规范行政行为，使其行为与政策的目标合意，则更为重要。政策工具的选择还关系到政策的成败，政策实施的关键不在于管理技巧，而在于执行的工具③。在试图确定某一项公共政策是否有效时，政策分析家不仅要关切政策的主要目的，以及这些目的有没有实现，还要关注可采取的政策实施技术，以及这些政策实施技术是否适于政策的有效实施④。因此，选择恰当的政策工具对政策的有效执行和政策目标的达成有着决定性的影响。

选择恰当的政策工具需要了解其选择的价值判断，以及依

① 陈振明，薛澜. 中国公共管理理论研究的重点领域和主题［J］. 中国社会科学，2007（3）：140-152.

② 陈振明. 政策科学［M］. 北京：中国人民大学出版社，2003：260.

③ 珍妮特·V. 登哈特，罗伯特·B. 登哈特. 新公共服务：服务，而不是掌舵［M］. 丁煌，译. 北京：中国人民大学出版社，2010：105.

④［美］詹姆斯·E. 安德森. 公共决策［M］. 唐亮，译. 北京：华夏出版社，1990：160.

据现状如何有效地进行选择，这对于政策目标的实现具有重要的意义。依据不同的分类视角及方法，政策工具的种类也有很多。如据政府介入程度的不同，将政策工具分为政府部门直接提供、签约外包、经营特许权等十种；依据现代化管理技术的发展要求，提出“市场化工具”“工商管理技术”“社会化手段”三分法等。在不同种类的政策工具中，依据政策工具的使用方式及特点找到其相似之处，可将政策工具分为管制类工具、激励类工具和信息类工具。管制类工具是通过强行要求或禁止，让社会行为者的行为规范化，诸如法律、规定、规章等都属于这一类型。管制类工具具有强制性的特征，能够限制那些不是政府所期望的行为的发生，对作为政策实施对象的行为者是一种约束，而强制性可能会引发来自他们的阻力。管制类工具是政府直接行政的方式，在直接性、管理性等方面占有优势，但在效率性、回应性等方面相对较弱，这也是现代政府遭受抨击最多的方面。激励类工具是通过正反两个方面的激励来对人们的行为施加影响，一般包括经济政策和社会政策两大类。激励类工具具有非强制性，在某些领域很容易被采用，但在实施方面有一定的局限性。比如经济激励的强制性质较弱，目标行为者有了改变其行为的选择空间，有时会导致最终的结果并不符合原有的政策目标。同时，想要熟练地使用激励类工具，通常要求政策制定者和政策实施者具备丰富的专业知识。信息类工具是指政府为了到达某种行政效果，采用舆论宣传、知识教育、信息公开等具体形式，向公民传递某种信息，通过信息的沟通，使公民接受其意见，得到公民同意或协助的一类工具①。这类工具的强制性质弱，非常注重与公民的信息沟通，能体现公民

① 余瑶. 当代中国政府工具选择刍议［J］. 四川行政学院学报. 2006（4）：18-21.

社会精神和公民权利，更符合现代社会的信息化特征。因此，信息类工具更适合现代社会成员之间的关系，其重要性也与日俱增。

在公共政策领域，公共政策的选择是一项具有关键意义的工作，也是政策工具研究的基本主题。公共政策工具的选择是一个复杂的过程，受多方面因素的影响，需要考虑其特定的环境和制度，还应当关注政策目标、政策资源、目标群体、政策执行机构和政策工具应用的背景等。公共政策工具选择的影响因素确定后，如果已确定各因素之间的相互作用，选择何种途径便成为下一步研究的重点。公共政策工具选择存在五种研究途径，即传统工具途径、精制工具途径、制度分析途径、公共选择途径和政策网络途径（见表 3-1）①。

**表 3-1　公共政策工具选择的五种研究途径②**

| 研究途径 | 强调关系 | 关注焦点 |
|---|---|---|
| 传统工具途径 | “目的—工具”关系 | 政策工具本身 |
| 精制工具途径 | “背景—工具”关系 | 工具的背景环境 |
| 制度分析途径 | “制度—工具”关系 | 制度结构与风俗惯例 |
| 公共选择途径 | “偏好—工具”关系 | 政治家和政府官僚动机 |
| 政策网络途径 | “网络—工具”关系 | 网络特性、规范和网络成员 |

如表 3-1 所示，传统工具途径是以“目的—工具”理性为选择工具的基础，其研究焦点在政策工具本身，认为政策工具只是来自中央政府的一种指令方式，与环境背景之间不存在任

① ［美］B. 盖伊·彼得斯，弗兰克·K. M. 冯尼斯潘. 公共政策工具——对公共管理工具的评价［M］. 顾建光，译. 北京：中国人民大学出版社，2007.

② 吕志奎. 公共政策工具的选择——政策执行研究的新视角［J］. 太平洋学报，2006（5）：7-16.

何关系。如果过于强调理性，可能会导致实质的非理性。传统工具途径过于理性地关注达到目的的手段，因此忽略了目的本身。政策工具的选择应该尽可能争取目标群体的认可和支持，争取多元有限理性选择。为了优化传统工具途径不重视环境的缺陷，精制工具途径关注普遍的价值、道德和伦理准则，在工具效力与工具特性之间建立关系。在公共政策决策过程中，政治价值观、组织价值观、个人价值观、政策价值观和意识形态价值观这五种主要价值观对决策者的政策选择行为起指导作用。制度分析途径是将政策工具的选择作为一种制度化过程来研究的。任何一项政策工具的选择都必须在特定的制度框架下进行。政策工具选择具有路径依赖性，应当与环境背景之间建立关联，并随着制度变迁和环境变化而发生相应变革。在政策工具选择的过程中，政策行动者不是受政策的效力引导，而是受恰当的逻辑引导——根据传统惯例、风俗、思考与行动的固定方式做出政策工具的选择的①。公共选择途径运用公共选择理论对功能公共政策工具的选择进行实证分析，主张工具的选择以政治家或政策制定者的利益为关注焦点，常常以执行机构或人员的偏好和目的来选择政策工具。政策网络途径则认为，政策工具选择受到多种因素的影响，是政策网络中利益相关者之间反复博弈和平衡的结果。政策行动者在由思想体系、环境背景等支配的政策网络中进行工具选择，政策网络中不同的目标群体各有其价值观和群体利益，因此政策工具最终的选择往往受政策网络影响颇深。

实际上，政策工具的选择贯穿公共政策过程的始终，在政策理想与政策现实的矛盾冲突中寻找合适的政策的路径，也是

① 吕志奎. 公共政策工具的选择——政策执行研究的新视角 [J]. 太平洋学报，2006（5）：7-16.

价值目标选择的过程。政策工具选择研究是20世纪七八十年代“执行运动”的四种研究途径之一，是政策执行研究的重要途径，因此政策执行的实质也是政策工具的选择。政策执行的研究路径主要有“自上而下”和“自下而上”两种。无论何种途径，从两者综合的途径来研究，都可以将政策执行的过程理解为政策巩固的选择，只是选择政策工具的依据和方式不同。“自上而下”政策工具选择的途径是对主体价值偏好的具体化，以理想目标取向为主导；“自下而上”政策工具选择的途径是对解决现实政策问题的行动方案的选择，体现了现实问题导向。理想目标取向的途径主张政策工具完全服从于政策目标的实现，强调政策目标的价值引导，构建政策目标层级系统和“目的—手段”链。现实问题取向的途径从实际情况出发设计管理行为，强调政策工具适配的特殊性，倡导自下而上的多方民主参与，并将政策的现实可行性作为评价的重要标准。因此，公共政策工具无论选择哪种途径，都是在理想目标和现实问题两种基本取向中进行选择，都需要考虑这两个重要维度。同时，公共政策工具选择的任何一种途径都必须建立在坚持正确的价值方向的基础上，把公平、道德与以人为本的发展联系起来。从理论上来看，工具理性与价值理性相互统一、不可分割，所有的工具理性应服从于价值理性。因此，在公共政策工具选择的同时，政府应该把健康的道德观、文化观引入公共生活，积极发挥舆论的导向作用。

# 第四章　政府与社会关系中的行政作风

## 第一节　政府与社会关系离散与趋近

### 一、对政府与社会关系的认识

政府与社会之间的关系是社会学、管理学等多学科研究的基本理论问题，是政治中最核心的基本理论问题，它不仅是分析政治现象的前提，也是界定政府职能的依据，是理解现代治理系统中的重要途径。按照马克思主义的基本观点，国家是社会发展到一定历史阶段的产物，国家是从社会中产生的，国家产生之后，社会包容着国家。国家虽存在于社会之中，与社会相互关联，但又是相对独立、具有自主性的。在不同历史时期，社会需要政府，政府也需要社会，政府与社会是主从关系。在现代公共事务的治理中，政府与社会之间存在着更多的互动，两者的关系也决定了创新社会治理的实现程度。因此，全面深刻分析政府与社会的关系，可为政府与社会形成良性互动关系、创新社会治理提供推动力。

对政府与社会关系的研究基本上遵循两条路径，即洛克式的“社会先于国家”的路径和黑格尔式的“国家高于社会”的国家全能主义路径。洛克式路径推崇社会至上的自由主义理念，认为社会先于国家存在，国家建立在社会契约之上，社会高于国家并制约国家；同时，政府的权力是社会授予的，应接受社会的限制，社会有责任监督和控制政府行为使其符合公共利益的价值取向。黑格尔式路径的核心理念是推崇国家至上的国家主义，认为社会是各个单独成员的联合体，是一个追求私利的战场，需要国家来维护他们的特殊利益和公共利益。在人类发展历史上，这两条路径剖析了政府与社会关系的两种理论状态，它们各自强调一方而弱化另一方，两者之间相互需要，但处于一种主从关系和不平衡的状态。

政府与社会之间的关系是社会发展的客观需要的结果。自从亚当·斯密提出自由市场理论以来，市场就是支配人类经济活动的最重要的理念和法宝，有自我调节的作用，对资源进行最优配置，反对政府干预。然而，这一观念遇见经济危机时就受到了挑战，也促使人们开始反思政府的作用，特别是政府在经济活动中的作用。另外，政府的理论基础是主权在民论，政府的权力是人民赋予的，政府应该为民办事，接受人民的监督。政府应积极对社会进行研究，发现社会的内在需要，调节和引导社会，保证社会的公平和公正，促进社会的发展。因此，在政府与社会关系中，政府是服从社会和管理社会的，两方面缺一不可。

对政府与社会关系的研究，往往从政府与社会的力量对比出发，分为四种基本模式，即强政府—强社会、强政府—弱社会、弱政府—弱社会和弱政府—强社会。但无论何种模式，政府与社会的力量对比关系都表现为“政府本位”或“社会本位”。随着人类社会的进步，通过政府对社会的积极适应、调控、引导，生产力发展使社会日益强大，政府的作用逐渐减弱。在政府与社会力量的对比中，重心逐渐向社会倾斜，所以，政府与社会的关系将逐步实现由“政府本位”向“社会本位”的转变①。从历史发展来看，政府与社会的关系并不是一成不变的模式，而是受历史文化、社会思潮等多种因素的影响和制约。对政府与社会关系的研究主要从制度结构和互动机制两个层面进行，其目的在于化解政府与社会之间的矛盾。在制度结构研究方面，对政府与社会关系的认识主要集中在法团主义和多元主义。法团主义是将社会团体整合起来，并制度化、正式化地吸纳到国家决策结构中，以调节政府与社会之间的关系。社会组织自我调节有着一定的自主权，对国家权力有一定制衡作用，但政府在社会组织谈判中仍然发挥着主导作用。多元主义则强调社会是一个分化多元的社会，通过竞争的方式来影响政府，社会与政府之间往往具有对抗性。社会团体作为个人与国家之间的中介，有助于诉求的表达，通过自由竞争可以达成政府与社会的均衡状态。从现实来看，法团主义在权力均衡状态被打破后容易导致强势团体压制弱势团体，操控国家政治决策；而多元主义是将政府与其他社会组织置于同等地位，在实际中不具备可行性，也无法成为社会的主流思想。在互动机制研究方面，政府与社会更倾向于零和博弈关系，即政府强则社会弱，社会强则政府弱。然而在实践中，社会力量的壮大并不一定会削弱政府的权力，有时还会提升政府行政的能力，促进社会目标的实现。政府与社会之间的合作带来了诸多地方治理变革，合作治理在近几十年的公共领域治理实践中迅速成长②，成为政府与社会相互合作理论的实践成果。

综上所述，政府与社会的关系只是在不同历史时期、不同

---

① 乔耀章. 政府理论（续篇）[M]. 苏州：苏州大学出版社，2013：6.

② 敬乂嘉. 合作治理：再造公共服务的逻辑 [M]. 天津：天津人民出版社，2009：171.

国家里，其中一项理论研究相对成为主流而已。其实，只要存在阶级或者利益群体对抗，政府与社会之间的关系就很难达到协调一致。社会是一个具有普遍性、规律性的领域，包括所有的利益者与利益关系在内，有着众多的利益主体、要求、动机等。政府则是一个具有特殊性的领域，代表社会的共同利益，而无法囊括所有的利益。因此，政府的主要任务是制定一系列关于法律、道德、政治、经济等的规范，使人们服从这些规范，从而维护社会的稳定和发展。社会是具有规律性的领域，是一个自然的历史发展过程，有着自身的客观规律。这要求政府规范性活动必然要在尊重社会规律的前提之下进行，不能盲目干预社会的活动。坚持社会本位原则，逐步培养社会的独立性、自主性、自治性，树立政府为社会服务的概念，以及政府对社会依法适度干预的观念，实现政府与社会的依法整合，这就是政府与社会的正当关系①。

## 二、不同社会形态下政府与社会关系的特征

政府来源于社会，是以社会为基础并由社会决定的。然而，政府与社会的关系并不像理论中的那般简单。政府是国家的行政机关，为了维护统治阶级的利益而存在。政府与社会的关系在实践中极其复杂，要摸清政府与社会的关系这个问题，需要从历史的长河中观察人类社会运动，找出规律与特征，为解决两者的矛盾提供理论及实践依据。

### 1. 在奴隶社会中，政府与社会之间是分离与控制的关系

随着剩余产品和私有制的出现，在原始社会解体的基础上产生了第一个阶级对抗的社会，即奴隶主占有制社会。奴隶主占有生产资料和生产者，奴隶主对奴隶的剥削关系是整个社会

① 乔耀章. 政府理论（续篇）[M]. 苏州：苏州大学出版社，2013：81.

占统治和支配地位的关系。奴隶制国家作为阶级统治的机关，是奴隶主阶级对奴隶及其他劳动者实行专政的工具，因此政府以暴力为主要手段，对社会进行强制性的控制。政府并不与社会对立，它仅与被统治阶级相对立，但与统治阶级利益一致，因而政府与社会表现为分离与控制的关系。由于社会和阶级的分裂，维护统治阶级利益的政府与被统治者的社会生活体系相分离。控制则表现在政府借助各种暴力机关对外保卫国家主权，对内维护统治阶级利益。因此，在奴隶社会中，政府以暴力为后盾对社会进行控制，被统治者为了反抗统治者掀起大规模的起义，政权更迭频繁，社会极不稳定。

2. 在封建社会中，政府与社会之间是有限参与和统治的关系

封建社会以高度中央集权的君主制和等级制为特点，地主阶级拥有大部分土地，以收取地租的方式对农民进行人身控制和经济剥削。社会的主要矛盾表现为地主阶级对农民阶级的剥削和压迫，阶级矛盾尖锐，统治阶级以暴力进行压制。但与奴隶社会相比，封建社会的生产力有显著的提升，生产关系也发生了变革，生产者从奴隶制的枷锁中解放出来，农民有一定程度的人身自由，自然经济占主要地位，社会中也存在着小农经济等多样的自然经济形态。因此，封建社会的政府有限度地参与农民阶级所构成的社会生活体系，发挥一定的职能作用。如政府支持或兴办一些慈善机构，参与社会济贫、养老等慈善事业。同时，代表地主阶级利益的政府更加注重采用法律和经济的手段来进行统治，如以劳役义务、实物地租等形式来剥削劳动成果，但与奴隶社会将一切占为己有的剥削方式相比还是有很大进步的。

3. 在资本主义社会中，政府与社会是对抗和调和的关系

在资本主义社会中，社会逐渐分裂为无产阶级和资产阶级

两大对立的阶级。资本家占有生产资料，通过雇佣关系剥削劳动者的剩余价值，使得社会财富日益集中在资本家手中。工业革命带来生产力快速发展的同时，也出现了社会贫富分化加剧、环境恶化等严重的负面影响，出现大规模的工人运动，社会动荡不安。政府迫于社会压力，实行济贫改革，向贫困人群提供帮助，然而这并没有起到有效稳定社会的作用。此阶段，资产阶级与无产阶级之间存在不可调和的阶级冲突，社会与政府相抗衡。为了弥补市场失灵，政府开始干预市场，增加基础设施建设、提供公共物品及服务等，政府职能不断扩张，有限参与社会管理。与此同时，为了对抗资产阶级的统治，各类社会组织开始出现，市民社会逐渐发展起来。政府也力图与社会组织进行合作，来获取更多的选票和支持，减轻自身职责压力。实质上，不同社会组织代表不同利益，其利益不一定是政府的利益，因此政府对待社会组织的态度一直处于矛盾之中，一直是不断调和的状态。政府无论贴近社会还是远离社会，都是为了调和资本主义社会中固有的资产阶级和无产阶级之间的矛盾，维护社会稳定。

4. 在社会主义社会中，政府与社会之间是协调与参与的关系

社会主义的本质是解放和发展生产力，消灭剥削，消除两极分化，最终达到共同富裕。当前我国社会的主要矛盾已经不是阶级矛盾，而是人民日益增长的美好生活需要和不平衡不充分的发展之间的矛盾。公有制经济是社会主义社会的经济基础，代表了社会发展方向，也实现了全体人民根本利益的一致。因此，建立在此基础之上的政府，必然与社会紧密相连，呈现出相互协调的关系。如我国宪法规定“中华人民共和国的一切权力属于人民”，人民是国家的主人。人民赋予党执政地位，政府作为国家行政机构履行公共职能，党和政府都以全心全意为

人民服务为根本宗旨。但是当前，在人民根本利益一致的基础上，不同社会群体之间还是存在利益上的矛盾，这需要政府积极协调，积极参与不同利益群体构成的社会生活体系，消除利益群体之间的矛盾，促进社会的和谐。因此，社会主义国家的政府职能更广，除了一般政府的主要职能之外，还要创造条件，最终实现共同富裕。在社会主义社会中，政府与社会的关系更密切，政府积极参与社会，两者达到相互协调的关系。

综上所述，由于社会性质不同，不同的社会形态下政府与社会的关系也呈现出不同的特征。从奴隶社会政府与社会的分离与控制关系，到封建社会的有限参与，到资本主义社会的对抗与调和，再到社会主义社会的协调，政府与社会的关系越来越紧密且相互融洽。政府与社会的关系受不同社会形态的主要矛盾影响，由生产力与生产关系的矛盾运动所决定。随着生产力水平的提高，生产组织化程度也越来越高，生产关系为了适应生产力的发展，两者相互作用构成了矛盾运动。这使人与人之间建立了更密切的关系，政府与社会的距离也随之拉近，两者的关系也更紧密。因此，在阶级社会里，阶级之间相互对立，政府作为统治阶级利益的代表，与统治阶级社会相统一，自然就与被统治阶级的社会相分离。而在社会主义社会中，政府的一切权力是人民赋予的，全体人民在根本利益上是一致的，政府与社会形成密切的关系，并促进社会和谐。

### 三、政府与社会关系的新变化

20 世纪 70 年代以后，在新公共管理理论、治理理论的推动下，西方国家开始调整政府与社会之间的关系，主流思想从自由主义和国家主义两极中走出来，政府治理模式走向多中心治理模式，政府与社会之间良性互动成为国际新趋势。社会可以参与国家事务，影响其政治决策，也延伸到基层社区工作。

政府与社会的新关系并不意味着政府回到无作为状态，也不是“大政府”还是“小政府”的问题，而是“有效政府”还是“无效政府”的问题。政府的角色定位对政府与社会之间的关系影响深远，主要表现在以下三个方面：首先，政府与社会在功能上是互补的。当社会自身的制度建设和治理能力不足时，政府需要承担更多的职能。同理，政府能为社会治理提供一个制度框架，促进社会治理的成长。从某种意义上说，社会治理基本制度的构建需要与政府有效对接，政府也可以通过提供信息、监督实施等影响社会人与人之间的交往与信任。因此，强有力的政府可以保障社会制度的有效运行，有效的政府介入能为社会的互动合作创造良好的环境。其次，政府可以维持一个公平的社会环境，促使政府与社会互动合作。政府提供资源和规则，创造必要的环境，整体性、间接性地对社会进行影响，成为社会资本成长的重要推动力量，为社会合作的网络提供一个间接的框架。非营利组织就是构建这种间接关系的重要载体，当需要政府与社会合作时，政府就通过非营利组织来推进社会资本的建设。政府角色需要从控制者、规制者转变为催化者、召集者和引导者，政府推动一个合作的框架、一种鼓励参与的开放式结构，从而使社区和非营利组织间形成互动的合作网络成为可能。最后，政府可以通过嵌入式的治理与社会形成良好互动关系。社会治理中政府与社会的“嵌入性”是指政府与社会不是完全隔离和孤立的关系，而是可以形成一种跨越公私分割的链接机制，为两者的合作关系提供运行基础。社会嵌入政府，并借助和依靠行政权力系统来运行。在很多政府与社会的合作案例中，官员直接介入的嵌入形式往往是使公民组织化和持续参与的关键，嵌入使得政府与社会的良性互动成为可能①。

政府的责任是不可替代的，社会的良好治理也离不开一个积极有效的政府。不过，毕竟政府与社会是两种不同的治理体系，两者具有不同的运行逻辑，政府的有效性也仅仅是相对的。如果政府权力过大，政府的介入往往会破坏社会的发展，成为社会治理的阻碍因素。当政府权力过于受限时，政府则可能失去自主性，对社会管理的能力弱化，不能为社会治理的健康成长提供基本支持。从组织的特征来看，政府是一种纵向网络，社会则是横向网络。政府采用命令的方式自上而下传递信息，在有不平等关系的成员间进行互动。横向的社会治理体系则是具有相同地位和权力的成员之间通过协商谈判来互动与交流，彼此之间建立信任关系并不断成长（详见表 4-1）。各种形式的公民参与网络都属于横向互动，这些网络是社会资本的基本组成部分，在一个共同体中，这类网络越发达，其公民就越有可能进行为了共同利益的合作。相反，垂直的网络无论多么密集，无论对其参与者多么重要，都无法维系社会信任与合作②。因此，如果政府这个纵向网络发展过于强势，那么社会这个横向网络的发展必然会受到影响和破坏。当然，不能因为政府对社会存在潜在的破坏作用就去限制政府权力，这样也是不可取的。

---

① Peter B. Evans. State-Society Synergy：Government and Social Capital in Development [M]. Berkeley：university of California at Berkeley，1997：3.

② ［美］罗伯特·D. 帕特南. 使民主运转起来［M］. 王列，赖海榕，译. 南昌：江西人民出版社，2001：204-205.

表 4-1　两种治理体系的政府与社会①

| 属性 | 治理体系 | |
|---|---|---|
| | 政府 | 社会 |
| 组织特征 | 纵向治理体系 | 横向治理体系 |
| 手段 | 命令 | 协商、谈判 |
| 相互间关系 | 不平等关系 | 相同的地位和权力 |
| 信息传递 | 自上而下 | 网络化信息沟通 |
| 信任 | 在互动中难以产生彼此信任的关系 | 在平等的互动中强化信任 |

社会作为一种主体性力量，已不再是政府政策的被动接受者。在社会治理中，什么样的社会才能与政府进行良性互动呢？从政府权力的视角来分析，国家权力分为基础性权力和专制性权力。基础性权力是国家向地方渗透并有效执行相关决定的制度化的能力，国家通过基础性结构与社会合作，由社会去实现治理目标。专制性权力则是国家精英对社会的分配权力，无须和社会协商便可采取行动。现代民主国家往往是“弱的专制性权力”和“强的基础结构性权力”，多数威权主义国家则是两种权力都强②。这意味着，在现代民主国家转型的过程中，政府能够顺应变化中的社会，增强与社会的互动，借助社会来实现目标，那么政府专制性权力就会减弱，基础性权力就会增强。

建立政府与社会的良性互动机制，要注重公民社会的培育，尤其要对其核心力量——社会组织进行培育和发展。社会组织是以社群利益为导向，整合分散的社会资源，主动参与社会事

---

① 汪锦军. 纵向政府权力结构与社会治理：中国“政府与社会”关系的一个分析路径 [J]. 浙江社会科学，2014 (9)：128-139.

② [美] 乔尔·S. 米格代尔. 社会中的国家：国家与社会如何相互改变与相互构成 [M]. 李杨，郭一聪，译. 南京：江苏人民出版社，2013：94.

务，为内部成员谋求利益的组织。虽然社会组织不拥有公共权力，但提供了一种平等的沟通网络，在社群协调、整合等方面提供了一种非市场、非行政的社会管理，推动了政府与社会之间良性互动。因此，社会组织承担着一定的社会管理和服务职能，具有公共管理的性质。社会组织的存在是民主的前提，是实现现代民主必不可少的条件。社会组织代表了不同界别和社会群体的利益，形成了各种利益沟通渠道，是自由民主的真正源泉，促进了政府与社会的协调发展，也有助于克服个人主义所引起的问题。

在社会治理中，政府治理离不开社会的有效参与，社会治理也需要政府来提供制度框架，政府与社会之间存在互动合作的关系。两者合作关系不仅依赖于有效的政府和生机勃勃的开放社会等关键因素，还取决于其自主性、双方互动过程中的资源依赖情况、复杂的机制设计等。政府与社会的合作需要两者都按照自身的目标开展活动，不受外在因素控制，这是合作的前提。同时，两者应在良性互动中发挥各自的优势，相互依赖，相互增权，实现共同的目标。两者互动的关键因素潜藏在复杂的制度细节中，这些制度细节决定了双方互动的机制和结构，也决定了合作能否成立和持续。因此，政府与社会的互动合作是一个复杂的建构过程，通过合作博弈，方能达到共同的目标。

## 第二节　社会治理中的政府与社会关系模式及构建

### 一、社会治理中的政府与社会关系模式

迄今为止，人类的社会治理可以归结为与农业社会自然经济相适应的统治型社会治理和与工业社会的社会化大生产相适应的管理型社会治理。随着全球化、信息化的到来，工业化社

会逐渐向后工业社会转变，社会治理模式必然会相应地调整，于是便出现了一种新型的社会治理模式，这就是以公共管理为过渡性特征的社会治理模式。在不同的社会治理模式中，政府与社会的关系模式也随之改变，分别为权力关系、法律关系和伦理关系。权力关系是由公共管理组织结构所决定的领导与被领导、命令与服从的结构性联系；法律关系是由国家法令和公共管理中的内部章程、规定、条例等所确立的制度性关系①；伦理关系与前两者都不同，是建立在社会普遍的人际关系和行为准则的基础上的价值关系，它是经过结构性调整而出现的新型关系，也是人们在现代职业活动中建立起来的一种客观联系。

统治型社会治理是以权力为基础的治理，政府与社会的关系是以行政权力关系为轴心的传统的行政体系。统治型社会治理模式出现和发展于农业社会，其时生产力比较落后，社会形态主要以家庭为基本单位，以自给自足为最终目标。农业社会的社会关系主要依靠血缘和地缘两个因素来维系，导致社会流动性非常差，家族之间常常为了权益而产生矛盾，整个社会无法凝聚。在这种统治模式下，君王统治的首要事务是等级秩序的维系，政府的基本职能就是“阶级统治”，至于社会管理，则被严重忽视②。政府通过权力的运用实现对等级秩序的维系，维护统治阶级的利益。权力关系本质上是一种封闭性的关系，是一种以内在平衡制约外在功能的关系③。权力关系的封闭性也是统治型社会治理模式封闭性的根源所在。所以，传统的行

① 张康之，凌岚，马蔡琛，陈重延. 公共管理导论［M］. 北京：经济科学出版社，2003：157.

② 郑家昊. 论政府类型从“统治”到“管理”的转变［J］. 天津行政学院学报，2013（3）：11-19.

③ 杨华峰. 后工业社会的环境协同治理［M］. 长春：吉林大学出版社，2013：21.

政体系本身就是权力关系，法律关系和伦理关系是作为行政权力关系的调节因素而存在的。

工业社会和市场经济的到来意味着社会的基本属性具有复杂性和不确定性，对社会治理提出了新的要求和挑战。统治型社会治理追求的是一种等级秩序，市场经济所强调的“自由”与“平等”理念与其背道而驰，急需一种能提供自由和平等的新型社会治理体系，这就是管理型社会治理。此时，政府与社会的关系是权力和法律两种关系结合的模式。在管理型社会治理模式中，权力依然是一切管理活动赖以开展的基础，政府依靠权力实现对整个社会的强制性管理。但是，人们逐渐意识到权力的消极影响，认为可以通过法律来达到约束权力的目的。法律关系不仅可以为经济和社会活动提供自由与平等的条件，还可以避免管理主体与客体直接接触造成冲突，使得控制更加有效。因此，法律关系相当程度上是对权力的控制与调节的需要。在这种模式下，政府与社会之间建立法律制度化的规范体系，两者的矛盾转化为与法律制度之间的矛盾，通过法律制度的神圣化来达到控制的目的。

经历了单一功能的统治型模式和多元辅助的管理型模式后，社会治理模式在公共管理阶段发展为多元混合的服务型模式。在服务型模式中，政府与社会的关系不再是完全的控制与被控制的关系，而是以服务为主的管理关系，是将权力关系、法律关系和伦理关系有机统一起来并相互支持的模式。这种新型的公共管理是将法治和德治统一、以服务定位为核心的管理。对于公共管理主体而言，权力因素和法律因素有存在的必要性，但更为重要的因素是主体的服务精神和原则，这属于伦理因素。正如美国学者伯尔曼所说的，正如心理学研究已经证明的那样，确保遵从规则的因素如信任、公正、可靠性的归属感，远较强制力更为重要。法律只有在受到信任，并且因而并不要求强力制裁的时候，才是有效的①。

一般来说，无论何种组织都存在权力关系、法律关系和伦理关系这三重关系，只不过不同组织由于目标和存在理念不同而突出其中一项。在政府与社会的关系中，长期以来，权力关系是一种主导性的关系，只是到了现代社会，由于法律的完善，才使法律关系凸显出来，而伦理关系始终未获显性化②。政府作为履行公共管理的责任者，是公共利益的提供者、守护者和维护者，在公共行政活动中，本应贯彻公正、平等的原则，但实际表现往往与理论相差甚远，以至于很难发现伦理关系的存在。而伦理关系总是外在于组织的目标，并经常通过法律的手段来确立这种伦理关系，伦理关系也便转变成一种特殊的法律关系，这使得其存在感更低。因此，政府与社会之间应确立起健全的关系模式，使权力关系、法律关系和伦理关系成为有机协调、相互支持的整体。

## 二、构建政府与社会平等互动的伦理关系

“社会在自身的发展过程中产生了政府，由政府来管理社会，这是社会发展过程中的一个必经阶段。在这个阶段中，社会由政府管理到多大的程度，实际上取决于社会在自身的发展程度。”③ 因此，当社会处于落后的状态时，政府就有可能管理社会的一切，两者之间处于混沌的状态。当社会的力量不断壮大时，社会企图摆脱政府的政治权力的压制以谋求自由的发展

---

① ［美］伯尔曼. 法律与宗教［M］. 梁治平，译. 北京：生活·读书·新知三联书店，1991：43.

② 张康之，凌岚，马蔡琛，陈重延. 公共管理导论［M］. 北京：经济科学出版社，2003：158.

③ 张康之. 公共行政中的哲学与伦理［M］. 北京：中国人民大学出版社，2004：237.

空间，两者之间就逐渐开始分离，走向合理化。随着经济与社会的迅速发展，公民的权利意识随之增强，他们通过社会组织形式积极参与政治生活，实现与国家、政府的互动与合作，此时社会与政府的关系也进入一个全新的阶段。在这个阶段里，社会领域独立于政府，并对政府进行制约和监督，两者之间形成平等、互动的关系。当社会力量不断壮大，社会的自主性也随之增强，政府的角色从社会的统治者、管理者转变为社会的服务者。政府与社会之间的关系体现为一种建立在合作基础上的服务关系，这本质上就是一种伦理关系。

事实上，政府与社会之间是围绕着公共服务发生的一种交换关系。从政府的历史起源看，公众出让部分权利授予政府，使之拥有公共权力，公众以对公共权力的服从作为获取政府提供公共物品和服务的交换条件。政府与社会之间为平等互利的交换关系，实质上也是伦理关系。这种伦理关系使得两者处于平等、互助的状态，社会越能自由地表达利益诉求，政府的服务意识和责任感就越被强化，这有利于政府树立公平、公正的价值观念，对公共服务的改善起着积极的作用。

首先，政府与社会的伦理关系有利于强化政府的服务意识和服务职能。在现代社会中，公众参与具体的社会建设，追求对社会公共事务的自治，这是社会不断自我完善的过程，促进了社会与政府之间的互动与合作，产生了一种政治伦理关系。这种伦理关系可以使社会获得公共参与的政治权力，政府在进行公共决策的过程中也可以采纳社会的意见，政府转变为服务角色，社会的责任更加凸显。其次，政府与社会的伦理关系有利于政府树立普遍性价值理念。当政府与社会之间以伦理关系为主导时，二者保持沟通与互动，社会公众积极参与社会治理，并具有一定话语权和监督权。同时，社会本身所具有的普遍主义道德思维方式就会对政府产生影响，对政府的行为有规范作用，要求政府提供的公共服务遵循普遍性原则，实现公共服务的均等化。最后，政府与社会的伦理关系有利于界定公共利益，从而满足社会公众的需要。公共利益绝不仅仅是所有人的利益的总和，也不是消去私人利益的各种加号和减号之后剩下的和①。公共利益的受益者不是特定的人，也不是特定的群体，而是建立在社会共同价值观的基础上的共同利益。在统治型和管理型社会治理模式下，政府单方面界定了公共利益，社会无法表达利益愿景，也无法参与界定公共利益内涵的过程。公共利益的界定属于公共行政决策的范围，应该经过征求公众意见、技术论证和公共权力机构决定这些环节，其中公众意见是最终界定的重要依据。政府与社会的伦理关系要求双方之间平等地进行沟通与交流，公众可以自由地表达意见，社会和政府共同界定公共利益，保证公共利益的实现。

建立政府与社会之间平等互动的伦理关系，需要政府和社会的共同努力，尤其要确保社会价值关系的主体地位。政府产生于社会，社会是政府合法性的来源。对于社会而言，公共利益的维护、矛盾的化解及公共事务的管理等都需要借助国家的力量，通过政府行政活动才能实现。对于政府而言，政府的责任是提供公共产品及服务，管理公共事务，满足社会的需求，政府是社会实现其自身需要的工具。因此，社会和政府之间存在一种价值关系。在这种价值关系中，政府以满足社会的需要为自身存在价值的体现，因而政府为价值关系的客体，社会为价值关系的主体。在实践中，政府与社会的价值关系引导着其向合理化方向发展，政府通过提供公共服务来实现其对社会的价值，而社会以价值评价为手段对政府的公共服务进行制约和

① ［美］珍妮特·V. 登哈特，罗伯特·B. 登哈特. 新公共服务：服务，而不是掌舵［M］. 丁煌，译. 北京：中国人民大学出版社，2010：79.

监督，从而实现公共利益。

然而，现实却总是事与愿违。社会要满足人民的需求、解决社会矛盾，必须通过政府使用权力进行行政活动来实现，强制性权力也使得社会公众必须服从政府。如此一来，政府由于掌握了公共权力而成为行政主体，也由价值评价客体变成了评价主体，社会则变为价值评价的客体。政府与社会之间的关系发生了异化，两者成为不对等的命令与服从的关系。政府本位主义、政府角色的“缺位”等都是异化在现实中的具体表现。事实上，政府提供的公共服务往往以自身需求为立足点，与社会的真实需求相去甚远，政府对社会的价值难以实现。若要构建两者平等互动的伦理关系，则必须打破政府本位主义，回归社会本位主义，这要求政府提供公共服务时应以社会对政府的价值需求作为行政纲领。社会的公共需求会随着社会的发展而改变，政府也须不断调整对社会的价值定位。因此，当今世界政府呈现出这样的变化趋势，即从管理型政府向服务型政府转变，从无限政府向有限政府转变。

构建政府与社会平等互动的伦理关系，还需要培育民主的政府和成熟的公民社会，这是其现实基础。当社会事务日益复杂多变，社会需求也多元化时，单纯依靠政府的力量难以满足社会的需求，政府必须选择与社会合作。然而，公民社会有其自身的伦理局限性，即公民社会自身不能保证公民的参与、平等权等要求的满足；公民社会自身也不能满足社会的公共需求①。公民社会具有自身的伦理局限性，这使得公民社会的发展需要政府的扶持与推动。因此，政府虽然是社会的服务者，但其拥有公共权力，依然具有一定的权威性，需要社会的服从。

① 詹世友. 公义与公器——正义论视域中的公共伦理学 [M]. 北京：人民出版社，2006：149.

显然，公民社会与政府虽然是平等的伦理主体，但地位和作用存在本质性不同，政府承担着主要责任，也起着主导作用。因此，伦理关系进行的道德调节主要指向政府单方，对应的责任与义务也是政府组织的规范。这种规范要求政府除了作为社会的委托人满足公共利益之外，还要承担培育成熟的公民社会、建立平等的政府与公民社会的伦理关系的责任①。政府为公民社会的发展创造了条件，也是构建政府与社会平等互动的伦理关系的主导者。但两者的伦理关系仅凭政府的力量是不能实现的，否则便会重返政府统治社会的老路。所以，只有当政府与社会是平等的主体，两者相互协调沟通时，它们之间的伦理关系才不被权力、法律关系侵占。只有在伦理关系的引导下，政府才会为公民社会创造条件，鼓励社会参与社会治理，满足社会公众的需求，实现社会公共利益。

## 第三节　行政作风在政府与社会关系谐和中的作用

### 一、行政作风的浮现：基于政府与社会和谐关系研究

政府与社会关系不是一成不变的模式，而是随着历史的发展不断变化的，且受政府角色定位、历史文化、社会思潮等多种因素的影响和制约。在不同的社会形态中，由于生产力与生产关系之间矛盾的不同，所以政府与社会的关系呈现不同的特性。从社会治理的视角来看，人类的社会治理模式经历了以权力为轴心的单一线性模式、以权力为轴心的法律辅助模式，以及权力、法律及伦理多元混合模式，即统治型管理模式、管理型管理模式和服务型管理模式。因此，政府与社会的关系也由

① 刘祖云. 行政伦理关系研究［M］. 北京：人民出版社，2007：82-83.

以权力关系为中心的传统行政管理关系转变为以权力、法律和伦理关系同构的新型公共管理关系。这种新型公共管理关系不再需要对权力、法律或者伦理任何一项进行神化，而是将三者相结合、相统一。

在统治型管理模式和管理型管理模式中，一直都存在道德与法律的主辅之争。在统治型管理模式中，由于统治缺乏稳定性的基础，为了不激发统治者与被统治者之间的矛盾，统治者无疑会选择以道德为主、法律为辅的方式。在管理型管理模式中，面对权力的公共性与权力行使的个人之间的矛盾，德治已经无法实施，统治者选择法律为主、道德为辅。所以，统治型的社会治理模式属于德治，管理型的社会治理模式属于法治，而服务型的社会治理模式不能简单地被划入这两种模式之一。因为，公共管理作为一种服务型的社会治理模式，道德和法律之间不存在主辅关系，德治和法治两者是结合起来的。对于这种社会治理模式而言，从把法治与德治统一起来的那一刻开始，法律和道德就不再是工具，而是一种社会活动和生活的模式，也是社会生活的基本内容，甚至可以看作人的本质①。在服务型的社会治理模式中，法治与德治相互统一，对于个体来说，这意味着自律与他律的统一，对于治理模式来说，秩序上所实现的就是巴尔所提及的“秩序来自人民自身——自觉自愿地遵守从心底里拥护的、大家共同分享的道德价值观念的要求和约束”②。因此，法治与德治的统一意味着将法律规范转化为人的内在价值和行为准则，将法律规范转化为道德规范，存在于人的内心之中，把权力的行使也约束在道德自律之中，从而通过

---

① 张康之，凌岚，马蔡琛，陈重延. 公共管理导论［M］. 北京：经济科学出版社，2003：170.

② ［美］巴尔. 三种不同竞争的价值观念体系［J］. 力文，译. 现代外国哲学社会科学文摘. 1993（9）：27-29.

权力的行使来促进社会的普遍道德化。

一切制度设计最终都将落实到人身上。公共管理要实现法治与德治的统一，必须要求公共管理者的行为道德化，这主要取决于公共管理者承担责任和义务的状况。责任和义务是人的社会角色的使命，与人在社会中的特定位置相联系。在职业活动中，责任和义务与特定的岗位相关，岗位和所拥有的职务决定了人承担的责任和义务，人所承担的责任和义务也是岗位和职务的主要内容。在公共管理活动中，责任和义务相对比较复杂，可以大致划分为行政的、法律的和道德的三类。在统治型的社会治理模式中，由于单一的权力关系结构决定了责任义务体系的单一性，所以社会治理活动主要来源于权力关系的行政责任和义务。管理型的社会治理模式由于存在法律关系普遍化的条件，社会治理活动主要由行政责任和义务及法律责任和义务两部分构成。在服务型社会治理模式中，政府与社会的关系是一种新型的以服务为主的公共管理关系，将权力关系、法律关系和伦理关系统一为整体。因此，在公共管理活动中，整个责任、义务体系实现了一体化，行政责任和义务、法律责任和义务，以及道德责任和义务通过公共管理活动整合成统一的职能总体，确立起统一的责任和义务原则，使整个社会治理体系从属于责任、义务体系。

责任和义务必须与人所担当的角色有关，与具体的岗位联系在一起。在责任和义务体系中，行政责任和义务、法律责任和义务、道德责任和义务在公共管理主体的不同层面上有着不同体现。行政责任和义务主要存在于内部层级之间、部门之间、领导与部属之间等，在实际活动中，这些主要由机构或者部门的主要负责人来承担。法律责任和义务经常发生在相对独立的机构之间、领导与部属之间，往往以组织的整体形式来承担。道德责任和义务的主体基本上为公共管理者个体，有时也会发生在机构、部门等组织机构中。在交融一体的公共管理实际活动中，明确界定三者属于哪一类形式是很困难的，因此主体也只是相对而言，而非绝对化的。在日常的公共管理活动中，道德责任和义务通过公共管理者内在道德责任的升华，内化到公共管理者的内心和价值观念当中，承担起维护公共利益的责任。正是由于有了道德责任和义务，行政责任和义务、法律责任和义务才都能够转化为道德责任和义务，实现公共管理者给予人使命来承担责任和义务，使其实现方式和质量都不同于管理型社会治理模式。反之，如果行政责任和义务、法律责任和义务未转化为公共管理者的内在信念，那么人在具体活动中就会有逃避责任和义务的行为，从而出现官僚主义、享乐主义、形式主义和奢靡之风等现象。

随着人类社会的不断发展，社会利益主体日益多元化，道德价值观念多样化，危机事件频发。因此，把责任和义务内化为使命的道德责任和义务显得格外重要。道德责任和义务作为主观意识到的责任和义务，渗透于权力和法律作用范围之中，并将行政的和法律的责任和义务结合起来，赋予它们总体性的责任和义务体系。所以，行政的和法律的责任和义务都需要在道德化的过程中才能实现。然而，随着全球化和信息化的到来，社会关系逐渐复杂化，公共管理活动完全将道德责任和义务寄托于公共管理者这一做法是不够完善的，毕竟道德的社会整合能力极其有限，无法要求每一个社会成员都成为有道德的人，即使公共管理者组织道德教育活动，也无法保证他们的行为都符合道德规则。而要根除违背道德规则的现象，需要从本质上入手，加强行政作风建设，推进作风建设的常态化。

行政作风的内涵在学术界一直有争议，尤其研究主体和范围的争议较大，依据研究对象的不同对其定义的界定也有很大差别。学者们对其内涵的研究虽有着不同的切入点和侧重点，但都认为行政作风是人的价值观、世界观和权力观等的外在表现。在汲取学者们观点的基础上，尤其是总结张康之教授的观点后，笔者认为行政作风是行政人员及组织在工作、生活中表现出来的一贯的态度和行为，是道德修养和思想境界的总体体现。学理上，行政作风是行政管理活动表现出来的一贯的态度和行为风格，属于伦理范畴。实践中，判断行政作风优劣的标准往往是看其是否与当时的行政人员道德标准或者职业伦理相冲突。行政作风建设若忽视其伦理原则，就失去了政府行为的本质属性，偏离了服务行政的道德意义。因此，行政作风和伦理之间应相互依存、相互包容，最终达到完美的精神契合。

综上所述，政府与社会和谐的关系是将权力关系、法律关系和伦理关系有机统一起来，形成相互支持的整体。在公共管理活动中，和谐的关系则是与具体岗位相联系的权力结构系统中的行政责任和义务、法律系统中的法律责任和义务，以及伦理关系系统中的道德责任和义务整合为统一的有机整体。同时，行政责任和义务、法律责任和义务必须转化为道德责任和义务，才能使公共管理者承担责任义务的过程不再是一种外在负担，而是一种内在使命。行政作风是行政人员及组织在行政管理活动的特征、行政道德要求和行政文化理念等方面的一贯的态度和行为风格①，也是责任和义务体系在公共管理活动中的具体表现。只有加强行政作风建设，提高公共管理者的责任意识，规范行政行为，实现和维护群众的根本利益，才能维系好政府与社会的和谐关系，从而实现服务型管理模式。因此，行政作风建设是建立政府与社会和谐关系的必要条件之一。

---

① 张康之，李传军. 行政伦理学教程 [M]. 北京：中国人民大学出版社，2009.

## 二、忽视行政作风的消极效应分析

从学术研究的角度来看，行政作风并不是一个有普遍意义的规范学术术语，但在中国的特定语境下，无论在官方文件还是在学者的理论研究中，行政作风都经常被提及，也引发了社会的持续关注。在行政作风相关问题的研究上，中西方话语体系有很大的区别。在中国，政治家和学者从注重“党风”开始，扩展到“政风”，因此行政作风与干部作风、领导作风、政府作风、党风等概念相互混淆，对行政作风的概念一直有争议，其研究主体和范围差异很大。如有些学者认为行政作风是执政党、国家行政机关、国家立法和司法机关，以及国有企业和服务性行业的工作作风；有些学者认为行政作风包括思想作风、学风、领导作风、工作作风和生活作风。一般而言，行政作风依据主体不同有广义和狭义之分，广义的行政作风是指国家政权机关包括立法、行政及司法机关的作风，狭义的行政作风则专指国家行政机关的作风。总体而言，各理论在行政作风的主体是国家行政机关这一点上是达成共识的，认为行政作风主要指政府及其公务人员在行政活动中所形成的具有一贯性的态度和言行，通常表现为政府及其工作人员的精神面貌，或机关、部门的风气、氛围①。而在国际文献中，与行政作风相关的内容一般出现在行政伦理与责任、民主行政、行政效能、行政组织文化等文献中，强调个人素质、领导风格、组织文化及价值取向的作用。

行政作风是行政人员素质、能力和形象的集中反映，是政府公信力和执行力的体现，也是群众评价政府的重要指标，是

---

① 杨跃锋，吴琦.“政风建设”研讨会综述［J］.中国行政管理，2002(11)：15-16.

执政之基、力量之源。行政作风关系到政府的形象，影响政府与人民之间的亲疏关系，关系到统治者的地位和社会的稳定。从古至今，中西方执政者都非常重视行政作风建设。从理论和实践的经验中可知，中西方执政者虽然在哲学思想和价值取向上有所不同，但在行政人员的道德价值观对其行为有重大影响这一点上已达成共识。因此，行政作风建设常常表现为对行政人员的行政道德规范，以对其思想和行为进行制度化的约束。早在商朝时期，为了防止官员腐化堕落，督促官吏遵守法纪，统治者就制定了禁止“三风十愆”的严厉官刑。统治者为了维护其王权统治，在官吏选拔上强调道德，创设了一整套道德规范和体系来教化官吏，注重“作风”建设。西方国家制定了一系列的强制性道德行为规范，如英国《地方政府雇员行为准则》、美国《行政部门雇员道德行为准则》等，将行政人员的道德行为规范以法律制度的方式规定下来。

行政作风的优劣良莠，直接影响政府职能的发挥、行政效能的高低及政府政治形象的树立。自从政府出现，加强行政作风建设、打造核心价值观等就是一个经久不衰的重要议题。回顾历史，历代统治者都高度重视行政作风建设，但在人类社会迅速发展和变化的过程中，违纪违法现象依然存在，腐败行为仍高发易发，甚至影响了社会安定团结。倘若忽视行政作风建设，则会产生更多的消极效应，后果更为严重。

首先，忽视行政作风建设，容易出现行政道德失范现象，不利于提升行政人员的道德素质，难以建立高素质的行政队伍。行政作风是行政道德的构成要素和外在显现，是行政义务、行政良心和行政荣誉在行政行为中的表现。行政道德主要涉及行政主体个人实践活动的正确规范及其所反映的价值观，这主要是作为行政主体的公务员人员在行政管理的职业实践中所形成和表现出来的，它包括公务人员的道德传统、道德意识和道德品质，以及由此形成的道德规范和道德风尚等①。因此，行政道德是一种公共领域的特殊职业道德，是高层次的社会道德，其关系到公众对政府的满意度，影响着公众对行政人员乃至政府的信任度。如果忽视行政作风建设，少数意志不坚定的行政人员就会出现行政道德失范的行为。因此，行政作风建设能提高行政人员的道德水平，引导和制约行政人员的行政行为，在建立高素质的行政队伍方面发挥举足轻重的作用。

其次，忽视行政作风建设，容易出现官僚主义现象，降低政府行政效能，削弱政府的凝聚力。行政作风是行政人员及组织在行使国家行政职权的过程中所体现出来的一贯态度和风气，本质上是行政人员的工作作风。如果忽视行政作风建设，就会滋生不良的风气，影响政府形象，损害人民群众利益。《辞海》中官僚主义的定义为"国家工作人员脱离实际，脱离群众，只知发号施令的坏作风"，是剥削阶级思想和旧衙门作风的反映。官僚主义是国内外行政组织普遍存在的通病，有着复杂的成因：既有历史根源，也有现实原因；既有个体道德修养原因，也有体制、机制、制度方面的原因，其问题涉及面广，表现形式多样。官僚主义主要表现为政治上理念信念衰退，宗旨意识淡薄；工作上不深入调查，脱离群众，脱离实际，独断专行，不解决群众的实际问题，不按客观规律办事，滥用权力，为所欲为；生活上腐化堕落，官气十足；等等。官僚主义一旦盛行，就会严重影响行政人员的积极性，腐蚀行政队伍，影响政府的行政效能，破坏政府的形象，削弱政府的凝聚力。因此，行政作风建设应着力解决官僚主义的突出问题，政府工作人员应密切联系群众，强化服务意识，提高工作的积极性，提升政府服务效能，树立良好形象。

① 张国庆. 公共行政学（第三版）[M]. 北京：北京大学出版社，2007：461.

最后，忽视行政作风建设，容易滋生腐败，破坏政治生态环境。腐败是世界各国面临的共同难题，也是历朝历代政权更迭的主要原因。腐败对行政人员有极大的腐蚀性，对执政党的事业具有极大的破坏性，对人民的利益具有极大的危害。正如《联合国反腐败公约》中所提及的，腐败对社会稳定与安全构成严重威胁，它破坏民主体制和价值观、道德观与正义，危害着社会的可持续发展。行政作风往往是行政人员及组织在政治、思想、工作、学习、生活等方面表现出来的一贯的态度和行为。行政人员的身份具有特殊性，他们掌握着公共权力资源的支配权，这使得公共权力异化的可能性较大。如果忽视行政作风建设，部分行政人员就会放松学习和自我要求，人生观和价值观就会慢慢发生异化，也就难以抵制腐败思想的冲击，思想认识模糊，理性信念开始动摇，迷失政治方向，加上体制上的监管不力、制度不完善、落实不到位等问题，最终走上以权谋私、腐化堕落的道路，给国家、社会和个人带来不可估量的损失。因此，忽视行政作风建设是腐败的根源，良好的行政作风是抵御腐败现象的重要保障。从古至今，历朝历代都严厉惩治贪污腐败，但是腐败一直屡禁不止。如乾隆年间的和珅，在官场 30 年，贪下 10 亿两白银，相当于当时清朝 8 年的财政收入。随着人类社会的进步和经济的发展，腐败现象仍然在蔓延，反腐行动不断加码，成效显著。如党的十八大以来，党中央持续保持惩治腐败高压态势，其力度前所未有，成就卓越。据中央纪委国家监委公布，2024 年 8 月，全国共查处违反中央八项规定精神问题 23210 起，其中党纪政务处分 23113 人，查处地厅级领导干部问题 84 起，查处县处级领导干部问题 1055 起，查处乡科级及以下干部问题22071起①。这些腐败行为严重扰乱了政治生态环境的良性循环，严重背离风清气正的政治生态目标。因此，加强行政作风建设是反腐的治本之策，是全面营造健康清洁的政治生态环境的先决条件。

① 2024年8月全国查处违反中央八项规定精神问题23210起[EB/OL].(2024-09-26)[2024-10-12].http://www.ccdi.gov.cn/toutiaon/202409/t20240926 377914.html.

# 第五章　管理行政发展史中的行政作风

## 第一节　管理行政与政治学理论的悖离

### 一、政治—行政二分原则受到质疑

在工业社会之前，政治与行政之间界限模糊，混沌一体。政治包含和控制着行政，行政隶属和依附于政治，两者之间呈现出高度一体化的特征。随着工业社会的迅速发展，政府职能不断扩大且日益复杂化，公众民主意识逐渐增强，将政治与行政混为一谈已不再可行，将行政从政治中分离出来被提上日程。威尔逊提出政治活动和行政活动应当分开，力求使政府不走弯路，使政府事务有条不紊，以最终使政府能够尽职尽责①。这一思想经过古德诺的升华与发展后，形成了美国早期行政的基本原则，即政治—行政二分原则。“政治与行政二分原则，是公共行政的逻辑起点，不仅是理论上的起点，同时也是实践的起点。”②

政治—行政二分最早是市政研究运动开始使用并加以奉行

① 彭和平，竹立家，等．国外公共行政理论精选［M］．北京：中共中央党校出版社，1997：1.

② 张康之，刘柏志．公共行政的继往开来之路——纪念伍德罗·威尔逊发表《行政学研究》120周年［J］．湘潭大学学报，2007，31（1）：13-20.

的。一方面，因为当时的实证研究运动是由洛克菲勒家族资助的，而洛克菲勒家族与美国的政党政治联系紧密，为了表明市政研究运动的客观性与科学性，市政研究者必须表明自己的政治立场，澄清与政党之间的关系；另一方面，城市政府在政策制定与行政过程之间存在相对明确的边界，市政研究运动本身也被认为是一种既不涉及政策制定也不涉及政党的纯粹行政性质的活动。尤其是在“市政经理制”的推广过程中，政治—行政二分原则为市政经理这个职业提供了正当性，市政经理又通过自己的施政活动为这一原则提供了实践上的证明。

1933 年，为了摆脱经济危机，罗斯福采用国家干预经济政策，实施新政，国家层面的政府活动成为关注焦点，政治—行政二分也开始遭到学者们的质疑和批评。西蒙认为，政治问题与行政问题包含价值与事实两种因素，应是“事实—价值二分”。阿普尔比对美国联邦政府系统考证后，对政治—行政二分进行系统批评，认为政治与行政不是分离的，而是高度紧密结合在一起的，政府机关之间相互作用、相互影响，构成了政治与行政的网络。随着政治与行政关系的日益密切，行政的过程进一步公开，更多的学者加入质疑的队伍，极力证明行政是政治的一部分。莱维坦委婉地指出行政是政府制度的一部分，而考德威尔表达观点时更为激进。弗里茨·马克斯也强调，公共行政不可避免地被拖入政治过程，必须将其对道德指南的追寻基于它所运行的环境之中。20 世纪 60 年代末产生的新公共行政学派，对政治—行政二分原则十分不满，他们认为：“由于传统行政学的政治与行政二分法观念使行政学研究局限在一个非常狭窄的领域内……相反很少重视与社会、政治密切相关的政策制定与政策分析等问题的研究，致使公共行政游离于社会政治现实之外，远远不能满足解决社会问题、处理社会危机的需要。”① 在他们看来，政治与行政的分离只是一种理论虚构，在现实运行中是不存在的，政治与行政应该是相互渗透、相互关联的。

在现实运行中，政治与行政的分离是行不通的，行政往往是政治的一部分。如果公共行政对政治与行政进行分离是理论虚构，那么公共行政官员的价值中立也便成为伪命题。因此，行政官员承担一定的政治职能和政治责任，为“行政是政治的一部分”的观点提供了现实论证。迪莫克认为，行政官员必须具备“政治感”，应对公共利益具有敏感性，有了这种品质，行政官员就能对反对策略保持警惕，就能对有损于机构的行为做出迅速反应，就能充分意识到其项目中的那些出于公共利益的考虑必须得到维护却又如此容易在复杂的政府环境中失落的价值和目标。

众所周知，政治—行政二分原则使得公共行政学独立于政治学成为一门学科。对于研究者而言，他们乐于接受这样的事实，因为这一结论可以提高他们自身的学术地位。但是，接受这一结论也意味着否定行政是政治的一部分这一事实，这显然是对公共行政本质的严重扭曲。因此，从政治与行政的关系来看，政治—行政二分原则对公共行政造成了身份悖论，使得研究者陷入困惑。管理行政本身是无须考虑政治活动的规范性价值，只须对活动本身的效率负责的。但以公共利益为导向的行政，必然会以规范性价值为依据做出政治考量，因此不可能做到完全的“政治中立”。政治—行政二分原则使得管理行政与公共行政之间处于紧张关系。如果要构建一种具有实质性和公共性的公共行政，则必须超越政治—行政二分原则，在更加宽广的规范性视野中研究社会治理问题。

---

① 丁煌. 西方行政学史 [M]. 武汉：武汉大学出版社，1999：345.

## 二、美国文官制度的改革

自 20 世纪初期美国大萧条以来，对政治—行政二分原则的质疑也涉及文官制度领域，以“政治中立”原则建立的文官制度从“去政治化”走上了“返政治化”的道路。文官制度去政治化改革的目的是使政治远离行政，从而达到政治中立的目标，而达到这一目标的手段是推行功绩制原则。美国总统往往在卸任之前推行功绩制，一是保障其追随者对于职位的终身占有，二是巩固自己在政府中的势力。功绩制原则本身并不意味着文官制度的去政治化，也很难使行政官员得以“政治中立”。为了达到去政治化的目的，美国国会于 1923 年正式通过了第一个《联邦政府职位分类法案》，对功绩制官员实施分类管理，使其政治活动受到进一步限制。1939 年，美国国会通过《哈奇法案》，规定功绩制官员的比例不受束缚，要求受过严格限定的决策官员之外的官员都必须“政治中立”，从根源上解决了问题，也意味着美国文官制度“去政治化”改革的完成。

罗斯福新政以后，行政机构获得领导地位，承担起越来越多的决策职能，同时行政官员拥有了裁量权力，以“政治中立”的功绩制为原则的文官制度开始“返政治化”。1937 年，布朗洛委员会的其中一份报告“布朗洛报告”中设置了非制定政策的岗位，另一份报告“联邦机构的人事行政”提出高级政治职位与高级非政治职位的划分，并肯定政策性职位存在的必要性。这两份报告标志着政府职位已不再局限于政治与非政治的简单划分，非政治职位中还存在政策性职位和非政策性职位。因此，布朗洛委员会通过的两份报告意味着美国文官制度在政策意义上的返政治化的开始。

其后，胡佛委员会在其调查报告中也探讨了政策性职位的问题，认为应当识别出政府中的重要政策职位，并建立起一种系统的实践，以替这些职位的在职者精心挑选出“新兵”，作为行政助理与候补人员。同时，为了避免在政策职位上的官员处于同一职位太久而变得不思进取，这些精心选拔出来的政策官员会在不同机构之间进行调动。此报告发布后，芬纳提出，政策与行政需要联姻，政客被引入行政，常任文官被允许接触政策的秘密，因此美国行政部门亟须一个处于部门首长位置的政治领导和权威与常任官员的行政责任相遇的顶层的职业官员体系。当常任文官承诺去做政策官员指示的事情时，由于要经过层级制的每一个层级，因而常任文官的实际行动会越来越拖延。常任文官的消极怠慢亦会影响政策官员的行为，政策官员转向笼络和求助于职业官员这一现象频繁出现，使得整个政府越来越倾向于保守和官僚化。

为了改变这一现状，人们基本达成了共识，即增加政策官员的数量，加强政策官员对职业官员的控制。艾森豪威尔当选美国总统后，设立了一个新的、不受文官制度保护的职务类别，即政策决策类或机要类（Schedule C）。这项改革重新通过政党分肥来加强对文官体系的控制，将政策性职位合法化。为了缓和来自文官体系的抵制，改革对职业文官的晋升进行补充，认为职业文官可以放弃原有的职业保障，进入“Schedule C”，从而参与政策的制定。从本质上看，“Schedule C”的出台忽视了文官的自主性，认为只要从制度上禁止文官的行为就能达成政治目的，却未料到文官在制度范围内的消极行为也可能导致政策官员的政治目标无法完成。在相当程度上，文官制度的返政治化实际上是政治系统与文官体系间的一种角力，即二者对于政策职位的争夺①。因此，“Schedule C”的设立引发了两种截然相反的评价。一种评价认为，政策职位不应处于文官体系中，

---

① 张乾友. 公共行政的非正典化［M］. 北京：中国社会科学出版社，2014：71.

应重新剥离出来以再次明确政治与行政的边界，因此这次改革是对文官制度改革原则的重申。另一种评价则认为，“Schedule C”的设立是重新让分肥制侵入以功绩制为原则的文官体系，是对文官制度改革原则的背叛。这两种评价看似相互矛盾，其实都是因不承认文官自主性而采取自反性措施来进行自我修复。随后，政府不断强化对职业文官的控制，使得职业文官与政治官员之间的矛盾逐渐升级，政治官员对文官体系极为不满，这些都为后期的官僚统治埋下了伏笔。

随着职位设置的增加，政府机构不断膨胀，官僚习气盛行。西蒙等人率先提出通过“顾客控制”来增强政府对民众的回应性，认为在任何情况下，只要管制存在，顾客方的利益集团就有充足的理由尝试影响或控制监管进程。在他们所取得成功的基础上，管制变成了一个“由被统治者控制”或者“由被统治者中的强大部分控制”的过程。弗雷德里克森主张改革官僚制，实施一种“顾客导向”的应变灵活的“动态、开放”的组织型态，实现官僚组织的公平价值，增强官僚组织的回应能力。尽管社会要求政府回应公民需求的呼声很高，但文官制度并未对此做出相应的改革。文官自主性的认可让政治官员感到棘手，也直接损害了公众的利益。因此，文官尽管通过抵制获得了法律上的承认，却失去了越来越多的政治官员和公众的信任。

随着官僚机构的不断膨胀，历任总统与官僚机构之间展开了一场持久的战役，这使得总统的权力不断扩张，这一趋势在尼克松任职期间达到了高潮。然而，在1972年，尼克松“水门事件”却使美国的宪政危机浮出水面。“水门事件”表面上是分权制衡、司法审查等宪政原则取得胜利，实际上尼克松提及的“行政特权”与分权制衡、司法审查一样，是美国宪法的基本内容之一。同时，该事件构成了一场公共行政的信任危机，“水门事件”留下的最持久的遗害，是尼克松的过分行为造成的公众对行政部门的不信任①。“水门事件”之后，人们纷纷将注意力投向官僚机构，认为官僚机构可以作为强大总统的替代品。当“水门事件”后第一位民选总统卡特上位时，尽管总统无法获得强大的权力，但选民对官僚机构也表现出极度的不信任，文官制度改革顺理成章地发生了。1978 年，卡特政府签署的《文官制度改革法》正式生效，这意味着美国的文官制度改革正式展开。法案的主要内容是设立功绩制保护委员和高级文官职位，前者是为了巩固功绩制，确保联邦官僚机构的胜任；后者则是确认了行政官员的决策角色。高级文官职位的设立作为增强职业文官政治回应性的手段，旨在提高职业文官在政府中的地位，但事实是职业文官对政治官员妥协，政治官员可以通过“Schedule C”实现对高层职业文官的控制。因此，这项改革实际上是从制度趋向“返政治化”发展。如耶格尔认为，尽管一个更具有回应性的高级官僚制的预期目标正在变成现实，却没有任何证据表明与联邦政府的生产率和管理有关的显著改进。此外，从态度评价中得来的数据显示，高级文官正在变得越来越政治化的观念正在增强。

因此，卡特政府的这次改革既未解决“水门事件”遗留下来的宪政问题和公共行政的信任危机，也未满足公众对代表性与回应性的需求，仅仅只是总统与官僚机构之间相互抗衡与妥协的过程。这场改革也验证了一个事实，即政治和行政之间没有泾渭分明的界限。文官制度本身是行政领域，但政治过程决定着它的变动。这场改革实际上就是通过制度确立来表达社会对官僚机构的不信任，这也使得政府改革成为未来政治发展的共同主题，并引发一场全球性的政府改革浪潮。正如美国前总

---

① [美] 阿瑟·林克，威廉·卡顿. 一九〇〇以来的美国史：下册 [M]. 刘绪贻，等译. 北京：中国社会科学出版社，1983：386.

统里根在1981年就职典礼上所言的："政府本身就是问题的一部分，而不是问题的解决方案。"

## 第二节　管理行政发展中的反思与批评：指向行政作风

### 一、官僚制与民主

随着文官制度的"返政治化"改革和民主行政的发展，公众纷纷质疑管理行政的"价值中立"原则，甚至对管理行政的工具理性也开始持怀疑态度。19世纪末，工业化进程逐步加快，各种社会问题和政治问题日益凸显，政府迫切需要新的组织模式来进行体制改革。在政治—行政二分思想盛行的背景下，以专业化、非人格化、制度化等为特征的官僚制组织成为首选，也是工业化理性法律和制度的最佳载体。官僚制组织不仅迎合工业社会大生产和行政管理复杂化的客观需要，也能得到追求"效率至上"时代的文化认同。因此，为了应付日益复杂的公共事务，"适应大规模的行政管理需要，官僚制行政组织是不可或缺的。在行政领域，选择只能在严谨的官僚制和松弛的官僚制之间做出"①。

官僚制的缺陷和弊端在实践中日益暴露出来。如官僚制组织机构扩张、行政效率低下、官僚体制压制个体等。因此，批判官僚制的呼声此起彼伏。如米塞斯就表达了对官僚制的厌恶，认为"没有人自称为'官僚'，或把自己的管理方式称为'官僚'管理。这种说法在使用时总有骂人的意思。它们总是意味

---

① ［美］罗伯特·B. 登哈特. 公共组织理论（第三版）［M］. 扶松茂，丁力，译. 北京：中国人民大学出版社，2003：32-33.

着对人、机构或各种办事方式的蔑视与批评。没有人怀疑，官僚制度一无是处，在一个完美的世界里，不应有它的立足之处”①。

1932 年，怀特在《公共行政动向》一书中指出，官僚制必须保持对公共舆论的回应性，而通过参与政府进行公民训练仍然是一个未被抛弃的理想。对民主制度与仍然处于分肥制复辟阴影下的专业官僚制运作的调和是未来的主要困惑之一。怀特并不完全将官僚制作为一种技术手段或支配工具，而是试图调和官僚制与民主的关系。随后，美国学者将研究话题转移到“官僚制与民主关系”上，并认为民主国家的目的在于集团利益间的自由和谐，而要实现这一目的，需要发展一套巨大的行政机器，自由民主国家需要一个庞大的官僚制的支持。具有民主情结的美国学者甚至提出民主行政或民主官僚制。官僚制只要是以公共利益为标准，就可以和民主和谐相处，甚至可以促进民主。

尽管学者都理想化地强调官僚制要符合民主的目标，但在现实中两者却背道而驰。在当时的美国，官僚制俨然成为民主政治的一大障碍。官僚们往往与社会上最有权势的精英集团勾结起来，形成寡头统治，挑战了民主的参与原则。同时，在日常接触中，高级职业官员与立法部门老成员之间的关系是如此紧密，并远甚于政策官员，因此，在影响立法部门的问题上，他们比后者拥有大得多的优势。官僚们往往利用各种手段，秘密策划政策，或者阻碍新政策的推动。久而久之，每届美国政府上台后都未有改变的迹象，整个政治生活毫无生机。若通过外部途径即加强立法对行政的控制来改变这一现状，但事实上立法者无法控制官僚，甚至需要官僚的支持，这种办法显然无

---

① ［奥］米塞斯. 官僚体制·反资本主义的心态［M］. 冯克利，姚中秋，译. 北京：新星出版社，2007：11.

法解决问题。

学者们开始将思考的重心转向官僚制内部，提出了代表性官僚制的方案。代表性官僚制的概念是金斯利提出的，他认为，在民主制度中，仅有胜任是不够的。只要国家致力于解放而不是奴役，公共机构就必须同样具有代表性。其后，诺顿 · E. 朗进一步阐述了代表性官僚制的内涵，并将其提升到宪政的高度。他认为，在美国，许多重要的和切身的利益在国会中没有得到代表，或没有得到充分代表，或得到了错误的代表。这些利益通过行政而不是立法渠道得到了更有效与更负责的代表。换句话说，如果立法之上无法实现民主，那么实施宪政的合法性基础就不存在，因此可以通过增强官僚的代表性来增强政府的代表性。尽管金斯利是根据对英国文官制度的考察提出的“代表性官僚制度”概念，但这一概念是对“改革传统”的理论的维护，因而它成为美国宪政的一种支持力量，得到了社会各界人士的支持。学者们也在此基础上丰富相关理论，其中有代表性的包括：莫舍尔清晰地将官僚代表性划分为被动代表性和主动代表性；克里斯洛夫、纳其密亚斯和罗森布鲁姆等学者开创了相关实证研究的先河，通过多种测量指标对官员社会化经历进行研究，进一步丰富和发展了官僚代表性的理论；梅尔和辛德拉等对主动与被动代表性之间的联系进行了研究；都兰、凯瑟等学者用实证方法研究了官僚机构的代表性和组织绩效之间的关系。

“代表性官僚制”是作为美国文官制度改革目标被提出的，主要是为了缓解官僚制与民主之间的矛盾关系。“代表性官僚制”理论的初衷就是将民主理念嵌入行政中，用一套与之相匹配的制度设计来保证民主被有效地贯彻落实到行政中，这一设计的本意与民主行政的发展不谋而合，也使得未来文官制度的改革方向走向新公共行政运动寻求的“社会公平与民主价值”

方向。同时，代表性官僚制与公共行政的返政治化发展趋势是一致的，使得官僚制走上了返政治化的道路。

## 二、民主责任的确认与实现途径

文官制度改革可以被视为一场从“去政治化”走上“返政治化”的运动，也是质疑“政治中立”原则、承认文官自主性的过程。若仅把文官看成一个政治中立的执行工具，当然无须运用价值或者道德进行评判。一旦文官被承认自主性，有了一定的政策功能和裁量权，则必须用伦理来进行判断。因此，文官制度的改革可以视为一场道德运动。当然，文官制度改革并未使得对公共行政的研究形成独立的伦理视角领域。

在一般伦理学的视野中，责任是一个核心的概念，任何伦理关系的维系与道德行为的完成都是以特定责任的实现为标志的，可以说，伦理学必然涉及对责任的探讨①。同理，行政责任也是行政伦理的切入点。公共行政理论意识到行政责任的重要性，并给予关注。如韦伯意识到科学理性的官僚制无法解决道德判断问题，于是将“责任感”“价值中立”等观点寄托于行政人员的“自律原则”。总体而言，行政责任的关注停留在权责一致的组织原则中，其目的是追求组织的效率。

在行政国家的形成过程中，公共行政面临日益复杂的社会关系，在多元化利益诉求下，效率观被批判与质疑，责任观则越来越受重视。芬纳认为，就民主政府的重要性而言，行政责任并不亚于行政效率；从长远来看，行政责任甚至是行政效率的促进者。事实上，这种主张是很有吸引力的，即责任是首要

---

① 张乾友. 公共行政研究中伦理思考的兴起［J］. 道德与文明，2013（2）：99-105.

的，并且如果责任得到恰当确立，效率就会随之而来①。芬纳在确认行政的民主属性的前提下，认为责任可以取代效率，成为行政的首要条件。他还认为，行政国家的出现使民主受到威胁，因此只有通过强调行政官员的民主责任，才能保障民主目标的实现。这一观点得到众多学者的支持，民主责任问题成为行政责任探讨的主题。

保障行政官员的民主责任，可以通过内外两种控制来实现。

关于如何保障行政官员的民主责任的实现问题，学术界在争论中形成了两种不同观点，分别为以芬纳为代表的“外部控制”和以弗雷德里克为代表的“内部控制”。芬纳认为，“我们用责任来意指什么呢？它有两重含义。第一，责任可能意味着X就Y对Z负责。第二，责任则可能意味着一种内在的道德上的个人责任感。……前者意味着公开的极刑，后者则是剖腹自尽”②。从上可知，第二种责任是主观责任，往往是无法实现的。芬纳认为，这种韦伯式的“职责感”非但不能保证行政责任的实现，反而只能培养出韦伯式的官僚，并因而成为极权主义篡夺民主的理论依据③。行政官员的民主责任是一种客观责任，需要由立法机构和选民实施“外部控制”。弗雷德里克则认为，行政官员需要承担两种责任——政治责任和技术责任。政治责任是一种主观责任；技术责任具有明确的判断标准，是一种客观责任。因此，尽管前者也非常重要，但在社会生活日

---

① ［美］赫尔曼·芬纳．民主政府的行政责任［M］//马骏，牛美丽．公共行政学百年争论．颜昌武，马骏，编译．北京：中国人民大学出版社，2009：13.

② ［美］赫尔曼·芬纳．民主政府的行政责任［M］//马骏，牛美丽．公共行政学百年争论．颜昌武，马骏，编译．北京：中国人民大学出版社，2009：13.

③ 张乾友．公共行政的非正典化［M］．北京：中国社会科学出版社，2014：149.

益专业化和复杂化的前提下，强调后者则更加具有现实意义①。技术责任的实现需要行政团队自身的“内部控制”，如通过“人的心灵”进行内部控制等。

当学者们围绕着内部控制与外部控制争论不休时，美国国会于1946年通过了《行政程序法》，以法律形式确认外部控制的地位。然而，这一行为激起了学者们的反对。马克斯认为，法治政府需要人来治理，因此对人的普遍规范需要伦理义务来贯彻。《行政程序法》这种外部控制无法达到限制官员裁量行为的目的，因为即使法律是对官员行为的普遍规范，可一旦官员没有了伦理义务，法治政府便会变回人治政府。显然，尽管学者们已意识到伦理义务的重要性，但由于内部控制的不好操作性等原因，内部控制论并未得到有效的应用。行政伦理的相关研究仍处于边缘地位，还没有突破传统主义的思维方式。

### 三、行政官员的伦理定位

20世纪70年代美国“水门事件”暴露的是行政官员的职业伦理问题，政府未守好伦理操守导致了民众对政府的极度不信任。为了避免此类事件再次发生，法律无法起到关键性的作用，需要伦理上的政策来解决。因为尽管行政违纪可能部分带有技术性质，但这不是重要的部分，行政官员的价值是这个问题的最基本的方面。“水门事件”这场危机本质上是一场价值危机。公共行政的精神内核应从工具理性转向价值理性，公共行政的实践必须从自身伦理向度思考。基于这一共识，行政学的文献中频繁出现“公共利益”“责任”等概念，实践中一场

① 张康之，张乾友. 行政裁量为公共行政学注入的新因素——介绍公共行政学发展史中的行政裁量问题研究［J］. 四川大学学报（哲学社会科学版），2013（4）：5-14.

声势浩大的政府伦理运动展开了。

回顾新公共行政运动不难发现，行政伦理都是从民主的角度来研究的，列维坦是其典型代表。他认为，民主包含对所有人诉求的承认和尊重，其本身就是伦理价值，因此行政伦理的理论关注应落实到民主行政中。这种做法虽然可以借助民主的力量来替公共行政的伦理思考做辩护，却限制了对公共行政与行政官员的更深入的伦理思考。比如列维坦认为，只有承认行政官员公民的地位，如应当保障公民地位所内含的公共自由、权利与豁免权，并使之成为政府雇员的一种现实，行政官员才有产生民主的动机，从而承担起对公众的责任。列维坦提出，恢复官员公民地位的建议，其实也是对当时行政官员“为承认而斗争”的现实的呼应。然而很多学者认为，公民的不服从可以保证民主不会沦为专制，因此民主的实现在于公民拥有不服从的权利。列维坦也受到此类观点的影响，把不服从变成了行政官员的一种权利。

列维坦提出，行政官员可以通过行使不服从的权利来反对政府决策，斯塔尔的观点则与之不同。他认为，行政官员具有教化功能，其德行可以影响整个社会的德行，通过对行政官员提出伦理要求可以引导社会行为。正如他所提及的，如果官员表现出了对行政行为是否正当的关注，如果官员的某些决策或指令是基于问题的伦理方面而不是合法性或便利性，他的下属将被鼓励去运用伦理原则，而官员们也将转而用同样的方式鼓励他们的下属，直到整个大众的德行水平都得到一点提升。因此，公民教育中应当突出行政官员的道德标准的内容。行政官员通过示范不断提高道德标准，并在服务过程中通过道德行为将此标准反馈给社会，社会对官员的道德行为给予承认，从而社会的道德水准不断巩固和提高。斯塔尔的建议较直观，也易为人接受，对后期的行政伦理实践与公民教育运动都有显著的影响。

20 世纪 60 年代后期，美国政治学界开始对“事实—价值”原则提出批判，兴起了一场“后行为主义”运动。这场新的运动强调，行政“科学”具有一些内在的缺陷，因而公共行政学应当更多关注行政现象的规范方面。它致力于将价值植入公共政策的制定之中，并要求公共行政官员开展有意义的行动。1978 年，罗尔出版了《官僚准则》一书，对行政伦理做出了独特的阐释。罗尔认为，行政伦理问题的根源在于行政裁量权，因此必须对行政官员进行伦理教育，并强调公平这一社会核心价值，使特定的价值与人民的价值相符，促使行政官员的裁量行为符合公职伦理的要求。罗尔提出的开展伦理教育的建议在实践中得到采纳，然而其施行成效却不尽如人意。毕竟在一个价值中立的环境中实践伦理分析，其道德教育的成效就令人质疑，接受了伦理教育的行政官员是否真正扮演了发挥政体价值的积极角色，也是无法得到保证的。哈特赞同罗尔的观点，认为行政官员必须遵守四项基本原则，即承担根本的职业责任、将公民的最佳利益放在首位、基于信任来处理公共事务和承担与自身地位相称的责任。可见，公共行政的价值问题在这里归结为行政官员的责任问题，只有行政官员承担起对应的责任，公共行政才能维护其伦理价值。

库珀是行政伦理学领域极具影响力的学者，他提出责任是构成行政伦理学的关键。他认为，行政人员承担着客观责任与主观责任，客观责任与从外部强加的可能事物相关；而主观责任与那些我们自己认为应该为之负责的事务相关①。主观责任根植于行政人员对忠诚、良心、认同的信仰，履行行政管理角

① ［美］特里·L. 库珀. 行政伦理学：实现行政责任的途径（第四版）［M］. 张秀琴，译. 北京：中国人民大学出版社，2001：63.

色过程中的主观责任是职业道德的反映①，因此主观责任实际上就是行政人员的“伦理自主性”或“道德责任”②。客观责任来源于法律、组织机构等，其形式多为岗位责任、法律责任等，具有规范和强制力保证的特点，是一种刚性规范。这种规范性责任所认定的往往都是抽象行政行为，与实践中的具体责任需求很难完全对接。客观责任受刚性规范的限制，在公共事务面前，其功能的发挥显得软弱无力。客观责任实现的“无力”，无疑为道德责任的“补位”及其功能的发挥提供了广阔的空间③。同时，行政人员通过道德责任建立起维护公共利益的信念，其行政行为也就满足于客观责任，承担起维护公共利益的责任。可以说，道德责任对于客观责任而言具有提升功能。因此在公共行政责任体系中，作为主观责任形态的道德责任处于核心地位。

在不同的行政模式中，尽管行政人员的角色不同，对其价值的考量也不同，但都承载着价值关系，即表现为道德责任。实践中，行政人员作为公众利益的代理者，被赋予行政权力，理所当然也应承担相应的行政责任。行政作风是行政道德的构成要素和行政道德的外在显现，在增强行政人员的自身素质、规范行政行为、改进工作作风、提高行政效能等方面起着重要作用。不论在社会的哪个阶段，或追求政治—行政二分，或追求工具及技术理性，或对两者检讨及批判以追求价值理性和伦理定位，行政作风都让行政人员承担起一种更积极的伦理角色，促使公共行政行为道德化，最终实现人民主权的价值理想和民

---

① ［美］特里·L. 库珀. 行政伦理学：实现行政责任的途径（第四版）［M］. 张秀琴，译. 北京：中国人民大学出版社，2001：74.

② 张成福. 责任政府论［J］. 中国人民大学学报，2000（2）：75-83.

③ 昂永生. 论我国行政道德责任的重构［J］. 中国行政管理，2002（3）：39-41.

主的回归。因此行政作风是一个永恒的伦理问题，隐含于各种研究之中。进入 21 世纪后，人类社会迈入全球化和后工业化时代，高度复杂性和不确定性对社会治理提出更高的挑战目标。在这种挑战面前，长期支配公共行政的工具理性原则越来越无济于事，行政作风与价值理性的功能则更加凸显出来，对行政作风的研究及其制度的建构在公共行政理论谱系上显得越来越重要。

# 第六章　社会治理模式变革中的行政作风

非政府组织和各种社会自治力量的出现，以及“新市民社会”的生成，对社会结构和社会治理模式提出新的要求。同时，全球风险社会的形式更是对以官僚制为主的管理行政的风险控制方式提出了挑战。管理行政虽契合工业社会的管理主义需求，却是一种消极的与形式上的公共性，无法满足后工业社会的公共性需求，且管理行政的弊端逐渐显露，在全球化与后工业化中失灵。只有建构新的符合后工业社会要求的社会治理模式，政府才能经受住挑战。以服务为内容和导向的服务行政模式因满足社会的公共需求，在这种特定的环境下应运而生。中国作为一个社会主义国家，服务行政必然在社会主义的政治框架下展开。在政府的改革和建设方面，党和政府秉承全心全意为人民服务的宗旨，朝着建设服务型政府的方向努力。在全球化、信息化背景下，新的治理模式确立公共行政的价值导向，解构官僚制，最终实现社会治理的伦理化。因此，在服务型的社会治理模式中，作为行政人员素质、能力和形象的集中反映的行政作风更加引人关注，成为建设服务型政府的关键因素。

# 第一节　服务行政理论兴起中的行政作风课题

## 一、服务行政的提出

“服务行政”一词最早见于德国行政法学家厄斯特·福斯多夫于1938年发表的《当成是服务主体的行政》一文，后经学者陈新民在《公法学札记》一书及其他一些相关文章中进行介绍与解读，陆续在中国理论界得到引述和阐发①。尽管服务行政的概念较早就被提出，但由于当时处于以韦伯为代表的工具理性传统中，服务的思想并没有受到重视，一直处于边缘位置。不过，公共服务的思想有着悠久的历史传统。

Service一词在公共行政文献中出现频率很高，其含义并不都是服务的意思。如文官制的英文是civil service，这里service被理解为“政府机构”。怀特提出“service state”，即行政国家，这里的service与文官制中的service是相似的含义，都指行政机构。马克斯也采用了这样的说法，他认为，“service state”最独特的特征是公共行政的显著。政府随着从一种相对消极的角色转变成一种日益积极的角色，也不可避免地扩大了其行动机构。这一机构获得了永久建制的特征，因此政府被迫承担起了持续性的职责，这种职责只有通过连续的操作才能得以完成。同时，马克斯在使用“service state”的概念时发现了其中的服务内涵。在市场中，当顾客购买了某项服务时，他就与企业达成了交易。交易完成之后，企业就没有了继续服务的义务。服务是一种主观宣示，而非客观现实。但在公共领域中，服务不

① 程倩.“服务行政”：从概念到模式——考察当代中国“服务行政”理论的源头［J］.南京社会科学，2005（5）：50-57.

仅是政府的一种合法性宣示，也是政府的一项无条件的义务。因此，service state 不仅指行政国家，也应当指服务国家。Service state 的概念在 20 世纪中期被广泛使用。在行政国家中，政府职能的实现需要一种强有力的公共行政来推进，而对这些职能是否具有服务性则并未说明。到 20 世纪 70 年代，后工业社会研究兴起，service state 的概念被赋予更多服务国家的含义，并开始向服务行政转化，即政府的真正目的在于为人民服务，政府就是提供这些服务的组织。此后，service state 正式从行政国家转变为服务国家，服务也成为政府职能的最终标准。

1975 年，卡罗尔研究后工业行政时总结其特征，提出了服务行政的概念。他认为，后工业行政的第一要素是服务行政。这一要素之所以是后工业的，是因为它不是指向生产或管制生产的过程，而是指向一个人对另一个人的服务。服务行政是一种人性化的行政，是后工业行政的一种特征。公共行政的未来是后工业行政，需要通过服务、新的知识体系，以及对服务和知识的公共选择三方面的努力来构建适用于后工业社会的后工业行政。此后的五十年里，美国学界并未对服务行政进行更深层次的理论探讨，甚至对其概念的提及都少之甚少。因此，服务行政的概念虽然产生于西方，但西方学者对服务行政的理论构建和实践构建都未做出实质性的贡献。

在我国，对服务行政的研究从 1995 年开始，最早提出和使用“服务行政”相关概念的是吉林大学的崔卓兰教授。她在《行政法观念更新试论》中提出，由于市场经济的建立与发展，政府需要将“管理”和“服务”融为一体，树立“管理即服务”的思维模式。随后，对此概念的引用逐渐增多，主要集中在行政法学这一领域。关于“服务行政”的研究主要涉及的是由计划经济向市场经济转变过程中行政法的定位和作用的指导理念等相关议题。行政法学科领域内部的“服务行政”研究是我国“服务行政”研究议题的重要组成部分，对后期行政学、政治学等领域内的“服务行政”的研究都起着导向作用。其后，张成福、马敬仁等开始在行政学领域研究“服务行政”。张成福认为，行政学的指导作用之一就在于不断揭示和批判那些与服务行政和为民众的行政相冲突的一切理念和行为，谋求思想和行为的解放，以便超越限制行政发展的种种社会障碍。因此，在社会转型期，权威行政与服务行政情结呈现出一种犬牙交错、相克相生的状态，渗透在政府、企业和社会管理的方方面面①。

“服务行政”是在行政法学研究领域里被提出的，其后在行政学中逐渐得到重视与发展。对于行政法学的研究者来说，“服务行政”是被作为行政法的理论基础和基本理念提出的；对于行政学的研究者来说，“服务行政”的概念则意味着寻找一种不同于计划经济条件下管制行政的模式②。可见，行政法学领域的“服务行政”研究侧重理论取向，而行政学领域的“服务行政”研究则偏向现实取向。在计划经济时期，行政是“权威行政”“管制行政”，当计划经济向市场经济转型时，需要一种新的行政模式来与之匹配，于是便借用了“服务行政”这个概念。总体而言，行政学领域里的“服务行政”的最初理论设想是符合逻辑性的，方向上是正确的，这为后期“服务行政”模式的理论建构和实践建构指引了方向。

## 二、服务行政模式的构建

1998 年之后，学者对“服务行政”的研究已不再局限于相

---

① 马敬仁. 转型期的中国政府、企业与社会管理——中国管理情结解析［J］. 中国行政管理，1996（1）：28-32.

② 程倩. “服务行政”：从概念到模式——考察当代中国“服务行政”理论的源头［J］. 南京社会科学，2005（5）：50-57.

关概念的研究，开始对行政模式进行构建，以实现行政改革目标模式的理论探讨。这里的行政模式构建已不是简单的机构改革的技术性层面研究，而是深入行政改革转化为政治改革内容的理论探索。2001 年之后，服务行政的内涵和外延研究都得到了扩展，学者开始围绕构建行政模式的具体规划这一主题进行研究。2004 年 2 月，温家宝总理在中央党校省部级主要领导干部专题研究班结业会上提出“建设服务型政府”，这使得“服务行政”再度成为热点话题，且上升到实践构建层面。

张康之首次提出构建“服务行政模式”，认为“服务行政必然会继承管理行政中的全部社会管理职能，但在实施这种管理时，公共权力与行政职位的结合是从属于管理的需要的。这种管理与以往的管理不同，它是建立在为社会服务的原则基础上的，管理是手段，服务是目的”①。人类社会行政史是从“统治行政”到“管理行政”再到“服务行政”的演进过程，走向“服务行政”是人类历史发展的必然选择。在全国实施行政机构改革的过程中，需要重新构建行政模式、行政体制，从而建构服务行政模式。这是一场革命性的历史运动，是行政改革合乎历史发展的必然趋势。2000 年，张康之在《限制政府规模的理念》一文中首次直接使用“服务型政府”这个概念，并明确提出，现代行政的基本目标为建设服务型政府。

随着我国加入世界贸易组织和行政体制改革的深入，对服务型政府建设方案的探索进入了高潮期。服务型政府与管理型政府不同，服务型政府应当“在公民本位、社会本位理念指导下，在整个社会民主秩序的框架下，通过法定程序，按照公民意志组建起来，以为人民服务为宗旨，实现着服务职能并承担

① 张康之. 行政道德的制度保障［J］. 浙江社会科学，1998（4）：64-69.

着服务责任的政府”①。因此，服务型政府规定，政府职责的本质是为人民、为社会提供服务，且这种服务本身不是消极被动的，而是具有相当的积极性和主动性。吴敬琏认为，“应该从改革从前的‘全能政府’入手，进行政治改革，建设对基本人权和对政府权力约束都有着明确设定的宪政秩序，通过政务公开，公共信息透明化、提升社群自组织能力等途径建设服务型政府”②。张孝德则提出，应从制度创新的高度进行政府管理流程再造的改革，即通过权利还原与多元权利的社会结构再造、权力制衡与权力的自动监督机制再造，以及权力下移与扁平化的组织结构再造来建立内生服务型政府③。总体而言，服务型政府是民主的、有限的、责任的、法治的、绩效的政府，只有从理论、体制、人员操作等多层面进行政府创新，才能实现服务型政府建设。

学者们对构建服务行政模式做出系统思考，对建设服务型政府提出不同的建议，这些都十分契合中国行政发展的现实历程。尤其是张康之，他从机构改革的现实运动中对构建服务行政模式进行了理论探索，这与实践中国家提出“服务型政府”建设的现实目标完美吻合。通过对服务行政模式研究的总结，可以找出在建构服务行政模式上达成的共识。

首先，服务行政是为人民服务的行政。服务行政模式的出现，是由统治行政模式、管理行政模式的多种弊端而缘起的，是发展到后工业社会的历史必然趋势。服务行政以服务为主题，

---

① 刘熙瑞. 服务型政府——经济全球化背景下中国政府改革的目标选择［J］. 中国行政管理，2002（7）：5-7.

② 吴敬琏. 建设一个公开、透明和可问责的服务型政府［J］. 领导决策信息，2003（25）：20-21.

③ 张孝德. 建立内生服务型政府的系统工程［J］. 国家行政学院学报，2004（6）：26-29.

以为人民服务为基本定位。因此，它的职能以服务为特征，要求行政人员把人民所赋予的权力完全用来为人民服务，要求行政人员从主观上根除统治行政和管理行政时代的“官本位”“官老爷”思想，甘当人民的勤务员、公仆，全心全意为人民服务①。服务型政府与前两种政府类型的性质是相反的，服务型政府是为人民服务的政府，政府定位为服务者的角色，把为公众服务作为政府存在、运行和发展的基本宗旨。因此，服务型政府应“规范政府权力、维护人民和社会自由权利的法律，也在制度上切实保障服务理念贯穿于公共权力运作的全过程，严防政府凌驾于社会之上，成为驱使社会公众的力量”②。

其次，服务行政是能力本位的行政。对于传统的公共行政，行政体系的结构是以权力为基础的，而拥有权力意味着对他人的控制，也意味着占有更多的社会重要资源。因此，行政人员之间的关系也是一种完全的权力关系，一切行政行为都以权力的行使为特征，权力运行的情况决定了公共行政目标能否实现。这使得人们心里开始接受和承认权力的作用，崇拜和追求权力，长期积淀形成权力本位文化。权力是把“双刃剑”，用得好可以为人民谋利益，反之必然导致人民权益受损，导致腐败，故须对权力进行制约。寻求权力制约的另一个途径就是淡化权力，使权力直接成为为人民服务的工具，服务行政概念的引入使之成为可能③。服务行政的模式强调政府为人民服务的职责，从传统的权力行政转变为服务行政，用服务意识去取代权力意志。此时，权力仅仅是公共行政服务的手段而已，用新的权力服务

---

① 周洪敏. 服务行政——公共行政的新方向 [J]. 党政论坛，2002（3）：29-31.

② 张康之. 限制政府规模的理念 [J]. 行政论坛，2000（4）：7-14.

③ 崔运武，高建华. 服务行政：理念及其基本内涵 [J]. 学术探索，2004（8）：18-20.

功能来代替之前的权力控制功能，使权力的作用不会被盲目放大，公共行政服务于社会的质量不断提高。因此，在服务行政模式下，能力本位将取代权力至上，权力意志逐渐衰减，服务意识逐渐增强。在服务于社会的价值导向下，行政人员成为社会的公仆，将对行政效率的追求与为社会提供服务统一起来，其能力及能力本位的价值观念成为公共行政体系中最重要的因素。“所以，服务行政不再属于权力行政的范畴，而是能力行政的模式，公共行政中能力本位文化的建构是通过服务行政模式的建立而达致的目标”①。

最后，服务行政是道德的行政。尽管统治行政以权力为行政活动的基本手段，管理行政则让权力在法律的约束下行使，但两者所形成的伦理体系是相同的，即社会的行政道德就是统治阶级利益要求的道德。管理行政塑造的理性官僚的非人格化，使得行政人员的个人道德与伦理原则被社会角色和结构忽略，而对技术理性的膜拜，使得工具理性占主导地位，吞噬了价值理性，导致社会价值体系处于紊乱之中。服务行政从诞生那一刻起就内含对道德领导的期待、对道德环境的审慎，以及对道德权威的关注②。在服务行政模式中，政府需要建立在为社会服务的基础上完成全部社会管理职能，管理仅仅是手段，服务才是最终目的。服务的宗旨不仅仅是一种观念和意识，更是通过立法的形式而被确立下来的一种制度。由于服务行政把为社会提供优质服务作为公共行政的至上原则，因而在此基础上建立起来的法律制度就可以内化为行政人员的内在规范，成为一种发自行政人员内心的行为准则。所以服务行政的模式，是行

① 张康之. 论公共领域中的能力本位 [J]. 甘肃行政学院学报，2000 (3)：4-7.

② 杨华锋. 走向后工业社会的道德管理：从行政之恶谈起 [J]. 南京农业大学学报 (社会科学版)，2013，13 (1)：121-126.

政道德赖以生长的沃土①。

## 三、服务行政与行政作风

生产力决定生产关系，生产关系的不同决定了行政性质亦不相同，行政的职能也随着行政性质的变化而变化。随着社会的进步，根据性质和职能的不同组合，公共行政模式相应地发生了从统治行政到管理行政再到服务行政的范式变迁。统治行政以统治为本位，所有的行政活动都围绕统治阶级的利益进行；管理行政以管理为本位，强调理性官僚的非人格化趋势。两者因对统治秩序的维护和对技术理性的膜拜，都无法避免行政人员的道德错位。服务行政以服务为本位，对统治行政和管理行政进行理性反思与批判，重新塑造行政人员的道德人格，以满足日益复杂的社会治理需要。因此，行政模式的变迁不仅意味着行政价值的切换，也是道德管理的生成过程。

在农业社会，人与人之间呈现出一种等级关系，这也决定了统治行政以统治意志为中心，一切行政活动都是为了维护统治者的利益、保持统治秩序的稳定。因此，统治行政实质上是"权治"的范畴，民众与统治者之间是一种人身依附关系，民众的一切活动都听从统治者的安排。一旦民众的利益与统治者的利益发生冲突，民众的利益就会被压制。正如韦伯所言，"统治行政下，子民的存在乃是为了满足统治者的需求，由此更进一步认为子民的经济活动之配合赋役制的义务，乃其存在的理由"②。统治行政的背后隐含着行政的随意性，如在官吏的任用上，任职资格不是依据技能、素养等，而是基于统治者与

① 张康之. 行政道德的制度保障［J］. 浙江社会科学，1998（4）：64-69.

② ［德］马克斯·韦伯. 韦伯作品集Ⅲ：支配社会学［M］. 康乐，简惠美，译. 桂林：广西师范大学出版社，2004：130.

官吏之间的人身依附关系而定。统治行政的代表性特征反映在：对官吏的要求是通过修齐治平而获得忠君事主的素质①。统治行政也强调道德，对人的德性提出较高要求，这一点是无可置疑的。但是，统治行政中提及的伦理是针对个人的，认为个人关系方面的道德建构其实是为了服务于社会整体秩序的目标，如臣对君的“忠”所指向的目标是“天下”秩序的稳定。如此一来，官吏的职务忠诚实则是基于对统治者严格人事隶属关系和原则的奴仆式的忠诚。

随着社会分工的深化，以及机器大生产的规模化，组织管理效率受到了更大的挑战。在纷繁复杂的利益背景下，行政职能和行政权力不断扩大，政治与行政不断分化，催生出与工业社会相适应的管理行政模式。管理行政以管理为本位，通过对公共事务的管理来平衡各种不同群体的利益，从而维护社会的公共利益。在工业社会“效率至上”的理念下，管理行政采用现代理性官僚制，体现的是工具理性的精神，行政管理成为一个纯粹的事务性行为，成为执行上级命令、完成任务的工具，在提升行政效率时将价值和道德排除在外。在管理行政中，理性的官僚制强调的是非人格化的特征，“所有的制度设计和安排在每一个具体的领域都把人变成了抽象的人，特别是官僚制把行政人员变成了抽象的工具，这无疑是人的完整性的丧失”②。官僚制凭借合理的层级结构和专业化分工，避免了感情用事，一定程度上提高了工作效率。但是，官僚制对技术理性过度崇拜，吞噬了价值理性，这使得社会价值体系出现严重的偏差。因此，官僚制的非人格化使得行政人员在满足社会诉求

① 张康之. 论行政发展的历史脉络［J］. 四川大学学报（哲学社会科学版），2006（2）：51-58.

② 张康之. 论伦理精神［M］. 南京：江苏人民出版社，2010：93.

和角色时也缺乏人格化，在面对人性伤害时寻求理性化的庇护。社会角色与社会结构对日常人类行为也产生了很大影响，个人道德与伦理原则可以被社会角色与结构吞噬并消化殆尽①。管理行政中偏向于法律规范的制度属性，势必造成道德水平的下降及价值失落现象的出现。

随着科学技术的飞速发展，世界已经进入信息化时代，人类社会也进入后工业社会，人们开始对工业社会中的管理行政进行审视，对理性官僚的行政人格进行重塑。后工业社会的不确定性及工具理性带来的不良后果，使得管理行政在谋求确定性方面是困难的，亟须一种新的社会治理方式——服务行政取而代之。服务行政是以服务为本位、维护公共利益、服务公众的社会治理活动。后工业社会的管理形态呈现的是在经验管理、科学管理发展基础上的道德管理，而服务行政涵盖对道德领导的期待，并关注道德环境和道德权威，通过回归价值和道德精神，处理公共事务，发挥其公共性。因此，服务行政模式唯有从价值角度出发提供实质性服务，以此应对后工业社会的高度复杂性和不确定性。

统治行政以权力作为行政活动的基本手段，管理行政让权力在法律的约束下行使，而服务行政实现了公共权力的道德化。毫无疑问，在后工业社会中，权力和法律依旧存在，并继续发挥重要的作用，但权力和法律的运用必然在道德和伦理精神的召唤下进行。因此，服务行政是道德和伦理精神的回归，体现了价值理性的行政精神。在价值理性的行政精神指导下，服务行政的行政活动以服务为本位，以人的需求为出发点和归宿点，真正做到了以人为本。在后工业社会中，应树立权力关系、法

---

① ［美］艾赅博，百里枫．揭开行政之恶［M］．白锐，译．北京：中央编译出版社，2009：42-43．

律关系和伦理关系同构的价值体系，实现道德对权力和法律的整合，“在权力权威和法律权威之间做出协调，消弭它们之间的冲突，从而使法治的社会德治化”①。

在实践中，道德成为服务行政的基本手段，主要体现在制度层面和个人层面。在制度层面上，政府在进行制度安排时需建立促进道德因素生长的机制。在个人层面上，服务行政主要集中于行政人员的“道德存在”，要求行政人员个体拥有道德精神，使行政行为符合道德品格要求。孔子说：“志于道，据于德，依于仁，游于艺。”（《论语·述而》）在这里，“道”与“德”是分开的，都依凭于“仁”。如今，“道”与“德”融为一体，“仁”则接近“行政良心”和“社会良知”。道德有两个方面，一是和法律相似的社会规定，为积极的道德；二是与个人良心相关，为个人的道德。学者对此有不同主张，罗素把道德品质归因于个人，但黑格尔认为道德品质应归因于社会。不论将道德品质归因于个人还是社会，法律都是从最初的部落习俗中逐渐发展起来的，出现较早，因此积极的道德比个人的道德出现得更早。服从意识的形成就是权力道德的体现，也意味着法律权威的创立。道德权威的确立必须出现道德化管理行为，依赖于道德制度的确立和道德秩序的生成。当然，这一过程也是伦理的启蒙与形成过程。

服务行政模式以道德为根本，为追求道德共同体和道德社会而建构。伦理是处理人与人、人与社会、人与自然之间各种关系的原则和规范，是道德行为的准则。伦理是文明社会道德责任的支柱，伦理的启蒙与形成意味着社会成员个体的道德自觉，行政行为中行政责任的维系离不开道德共同体和道德社会的构建。尽管在农业社会也存在伦理关系，但是它完全依附在

① 张康之. 论伦理精神［M］. 南京：江苏人民出版社，2010：187.

权力关系上，并不是真正意义上的伦理启蒙。农业社会是以习俗与惯例作为基本构成要素来维持自发秩序的，工业社会时期则摒弃了习俗和惯例，一味强调法治带来的创制秩序，却忽视了道德价值的意义。进入后工业社会，法治追求下的创制秩序因原有的滞后性等无法适应高度复杂的新环境，因此对社会秩序结构有了更高的要求，道德秩序也便形成。道德秩序的建立过程是伦理意识在不同主体结构中、不同主体成员及行政组织之间发生互动关系的过程，是复杂、困难的过程。总之，社会秩序结构从自发秩序到道德秩序的转变过程是符合实践需求的，使得行政行为越来越道德化和理性化，形成一种合作和共生的生活形态。

后工业社会构建起服务行政模式，彰显了以服务为定位的特性，突出“德治”理念。这种服务不再局限于管理行政中基于岗位职责及外在规则的工具理性的选择，而是真正实现源于内心的道德需求。因此，行政人员须不断强化道德意识，提高自身道德素质，加强道德修养，自觉地将服务作为追求。在服务行政的社会治理模式下，行政人员需要将德治、法治和权治三者进行统一，最终寻找管理道德化的路径。其中，法律是体现伦理精神的法律，道德是具有法律效力和约束力的道德，它们之间的统一以服务精神的行使贯穿在全部公共管理活动之中①。行政作风是道德修养和思想境界的总体体现，是道德的构成要素和外在显现，是行政道德的一个重要组成部分。纵观历朝历代，统治者一般从官员的内在道德修养入手进行作风建设，来确保统治者的权威和国家的长治久安，建立伦理王国。优良的行政作风要求行政人员及其组织在行政管理活动中遵循价值规范，秉承公正、民主及为人民服务的原则，勤奋敬业，

---

① 张康之. 公共管理学［M］. 北京：中国人民大学出版社，2010：100.

忠于职守，廉洁从政，培养和完善以人民满意为标准的行政人格。这也正迎合了服务行政治理模式的需求，是道德和伦理精神回归的体现。因此，面对多元互动的治理格局，服务行政模式蕴含着行政作风建设，并将此作为德治的关键措施之一。

服务行政模式不仅要求行政人员的行为规范化，强化个体道德意识和修养，还要求将法治、权治与德治结合起来，建构公正而透明的道德社会，形成一种合作和共性的公共生活。行政作风建设与此有异曲同工之处。在人的社会关系逐渐复杂化的情况下，行政作风建设将行政人员个体寄托于道德这一社会价值的做法暴露出诸多问题，人们甚至开始质疑道德的社会整合能力。众所周知，制度是社会人员共同遵守的办事规程或行动准则，是稳定的和具有可持续性行为的规范体系。只有建立起道德的制度，才有可能让绝大多数社会成员的行为具有道德属性，从而保证在整体上承载社会价值。同时，道德的社会整合能力极其有限，无法保证行政人员的行为都符合道德规则。因此，要解决这一问题，就需要从根本上改变个人承载价值的现象，建立道德制度来确保社会在整体上承载社会价值。总之，在服务行政模式中，行政作风建设将是主旋律，是增强政府执政能力、建设服务型政府的关键因素，是构建透明、公正且开放的道德社会的保障条件。

## 第二节　服务行政在多元治理主体中的建构

随着全球化、信息化时代的到来，社会治理逐步从单一制走向多元参与、良性互动的共同治理模式，治理主体也呈现出多元化态势。服务行政以服务为本位，是对道德和伦理精神的回归，是由人类行政发展的历史必然性所决定的。纵观人类社会治理模式不难发现，它们的形成与发展都是一个自觉建构与设计的过程，服务行政的发展也必然是在历史与逻辑的统一中自觉地建构与设计的。

## 一、确立服务行政的价值导向

在后工业化的不断推进中，强调工具理性的管理行政尽管是科学行政，却无法避免各种不道德与投机行为的出现，在社会治理中呈现出局限性，此时亟须寻找一种超越科学之上的道德治理模式来适应具有高度复杂性和不确定性的环境。因此，服务行政作为社会道德的供给者与维护者，应当在伦理的视角下进行构建与设计。

农业社会是一个感性的社会，具有浓厚的伦理特征，其治理也按照伦理训诫逐层展开，却不是一个伦理化的社会。因为统治行政的实施实际上是用道德的面纱来掩盖权治，维护统治者的利益，打压其他的群体，此时的道德俨然成为权力的绑架物。农业社会中的伦理因为没有理性的支撑，故而无法对社会生活尤其是社会治理中的权力起到实质性的规范作用。进入工业社会，人类开始用工具理性取代伦理。人们开始意识到人人都是一个平等的理性主体，而要践行其理性能力，必须抛开农业社会中感性的伦理因素，这一过程是“祛魅”的过程。因此，在工业社会中，工具理性的支配地位无人质疑，在公共行政系统中的表现则是管理行政取代了统治行政。管理行政是在对科学化的追求中实现对工具理性的追求，注重事实累积，却忽视了根本性的价值因素，是一种不重视伦理提升的行政模式。科学的力量是强大的，科学化的管理行政对工业文明的发展起着举足轻重的作用。然而，缺乏伦理向度的科学发展是不完整的，单纯强调科学化的管理行政也必然会造成一定的后果，如官僚主义的盛行、行政管理的低效、政府规模的不断膨胀、腐败问题的愈演愈烈等。公共行政仅具有科学的属性是远远不够的，而应当首先具有道德属性，因为道德才是科学实现的前提。

哈贝马斯认为，“公共性必须在一种特殊的意义上充当政治和道德的中介”，因此公共行政本身是蕴含着道德的含义的。但在工业社会中，以公共行政为名的管理行政仅重视理性的“行政”，却忽视具有道德性的“公共”。现实中，“公共的就应当是道德的，在公共领域如果回避或忽视道德的审视，就无法把握公共领域的性质，就无法正确确立公共行政的方向”①。因此，只有确立公共行政的价值导向，改变公共行政对工具理性的片面追求，才能使行政成为道德的行政，即真正意义上的服务行政。

政府是公共利益的代表和公共行政的执行者，公共行政无非就是维护公共利益和依据公共意志的行政。卢梭在《社会契约论》中对“公意”与“众意”进行了对比，认为公意只着眼于公共的利益，众意则着眼于私人的利益，众意只是个别意志的总和②。因此，所谓公共意志，就是根源于公共利益的由无数个社会成员提出的共同要求③。公共意志包含着个别意志之间的矛盾冲突，却体现了它们抽象的共同性，这些可以看作公共的政治要求，更可以作为道德共同性而存在。

在农业社会，政府作为阶级统治的工具，服务于统治阶级的意志和利益，其根本的职能就是统治，即控制被统治阶级。到了工业社会，虽行政具有公共性的特征，但等级化的官僚行政垄断了公共事务的管理，政府以法律的控制取代权力的控制。而后工业社会是以服务为主要特征的社会，服务的理念与精神

---

① 张康之. 寻找公共行政的伦理视角［M］. 北京：中国人民大学出版社，2002：205.

② ［法］卢梭. 社会契约论［M］. 何兆武，译. 北京：商务印书馆，1982：39.

③ 张康之. 寻找公共行政的伦理视角［M］. 北京：中国人民大学出版社，2002：206.

渗透于各领域中，尤其在公共行政领域，最终升华为内在的精神，指导具体的行动。在经济全球化和信息化浪潮的影响下，政府作为普遍的公共利益的代表，应更好地为社会公众提供更为优质、高效的服务，这也是其内在的价值追求。因此，行政组织及人员须秉承服务的理念，张扬服务的伦理精神，在道德自律的前提下，积极主动地服务社会公众。同时，后工业社会建立的网络组织结构中的信任与合作关系，为服务的开展提供了组织网络关系平台，更加有利于服务的推进和发展。公共行政必须以服务为价值导向，张扬服务精神，并将服务的理念与精神渗透在社会的各个领域，为社会公众提供高效、优质的服务，使政府与公众之间建立信任与合作的关系，才能应对高度复杂和不确定的社会治理变革，符合社会发展的基本规律和趋势。这要求服务行政模式冲破传统政府理论的思维模式，从工具理性的思维中走出来，转向以服务的价值理性为主，从公众立场出发，切实履行服务职能，坚持以服务理念为公共行政的崇高价值，实现公共行政的本质回归。

### 二、服务行政的开放性

在农业社会，等级制是社会的主要特征，统治阶级以强制性权力将各阶级控制在其阶级范围内，巩固社会秩序。因此，统治行政的权力体系是一个完全封闭的体系，被统治阶级完全排除在权力的体系之外。与农业社会相比，工业社会是一个相对开放的社会。近代以来，资产阶级意识形态逐渐生成，对整个具有封闭性的社会状态进行了痛击，习惯于通过政治支配和武力干涉等方式在封闭性围墙上打开缺口，提供开放性通道。从整体来看，工业社会的政治表现形式是存在于民族国家的框架下的，而民族国家实质上就是封闭的共同体。同时，在每一个国家的内部存在着无数个阶级、利益集团、社会团体等，这些阶级、利益集团、社会团体等都把封闭性转化为排斥力量，以此划分边界排斥外来的一切。工业社会的管理行政模式虽表现出一定的开放性，但专业化的分工、行政权的残缺及等级化的官僚行政的垄断，使得公共行政体系仍然具有封闭性特征。

后工业社会呈现新的特征，人们须以开放的视野去面对涌现出来的新生事物，并对其采取欣赏和包容的态度。全球化、信息化时代的到来，向与人们思维和行动相关联的一切封闭性提出了挑战。社会的高度复杂性和不确定性消除了一切静态的群体，也使对社会的静态考察和把握变得不再具有现实性。社会的高度复杂性和不确定性本身就意味着社会的流动性，就意味着一切边界的突破，因而，原先具有封闭性的一切都丧失了存在的合理性①。开放性与流动性是相辅相成的，流动性本身也赋予了社会开放性的特征。因此，后工业社会是一个开放的社会，其服务行政模式也应是一个开放的体系。

在后工业社会，公共行政的开放性也来源于社会治理主体的多元化。在多元治理主体的网络结构中，政府对于公共事务的治理已不再处于垄断的位置，而仅仅作为多元治理主体的一员存在。公共事务的治理都是在政府与其他治理主体相互信任、彼此公开的互动合作中完成的。公共行政的开放性使得公共事务治理更能体现民意特性，在解决与公众利益相关的社会问题时，就不再像工业社会那样仅凭市场的途径来解决，而是更多依赖于公众权威，从公众的意愿出发来解决。公共政策已不再是少数统治阶级意志的表现，而是需要以公众的广泛合作、共同参与为基础。同时，信息技术的进步与发展为公众的参与提供了技术，为政府与公众的交流与合作提供了空间，有利于公

---

① 张康之. 论开放性对社会治理的挑战［J］. 福建行政学院学报，2015（5）：1-9.

众对政府的权力进行全方位的监督。因此，在后工业社会中，公共行政必须以开放的姿态，在治理主体之间开展交流与合作，共同应对全球性问题的挑战，最终促进人类的进步。

进入 20 世纪 80 年代，由于非政府组织及各种各样的社会治理力量的出现，社会治理主体呈现出多元化的局面，政府成为交往互动体系中的一员。面对复杂的外在条件，是维持旧的思维方式、以政府为中心继续完善工业社会的治理模式，还是建构起多元治理主体在平等基础上共同治理的新模式，这引起了人们广泛的思考与讨论。对于这个问题，学者有着大致相同的答案，即“在当今全球化的世界里，没有一个组织能够如此平静。社会的快速变迁不断将新的价值观、新的思想意涵、新的结构和新的网络引入。因此，直面后工业社会动荡的、不断演进的社会环境是每一个组织不可逃避的任务。环境、组织、信息技术和民众价值观的复杂性迫切需要行政管理者与民众的广泛合作”①。在多元治理主体并存的条件下，社会治理的新的建构应当在合作治理的框架下进行，政府与社会机构广泛合作，才能找到解决危机和不断创新的有效途径。

合作治理是社会治理领域近年来呈现出的明显趋势，也将是社会治理变革的最终归宿，这是政府在社会复杂性迅速增长的条件下做出的选择。合作治理不仅在培育成熟的社会方面起着积极作用，对于造就新型的社会治理模式也起着不可替代的作用。合作治理与社会治理体系的开放性有着密切的关联。回顾社会治理的历史，有一条逐渐走向开放的线索。农业社会的统治行政依靠权力进行治理，是封闭性治理。与农业社会相比，依据法律的治理则开放得多，但是法治的开放性是有限的，它

---

① ［美］全钟燮．公共行政的社会建构：解释与批判［M］．孙柏瑛，等译．北京：北京大学出版社，2008：2-3.

必须在有明确界定的条件下才能使治理过程得以展开。到了后工业社会，多元治理主体并存，治理过程的开放性也不仅仅停留在参与治理的状态，治理主体间平等互动和合作就是一种被人接受的治理模式，这也是社会治理体系的开放性的最终走向。在合作治理模式中，治理主体相互交流，平等地发表意见，积极地采取合作行动，在治理过程中发挥各自应有的作用。因此，合作治理本身就是开放的治理，它排除了僵化的可能性，尽可能使治理过程处于与社会互动的过程中，将一切积极的因素都吸纳到治理活动中来。

### 三、服务行政的伦理化

早期，以威尔逊、韦伯等人为代表的主流行政学以“政治—行政二分”原则为前提，以现代官僚制理论为主导，强调公共行政的科学化、技术化，却使公共行政丧失了价值方向，走向片面的形式化。20世纪上半叶，世界各国政府的政治职能衰落、经济职能崛起，为了谋求政治职能和经济职能的平衡，各国极力维护政府的政治合法性，将科学化、技术化的行政学引向政治学的方向，去谋求政治性的思路，政府的公共政策及行政行为开始权谋化。在20世纪60年代，公共选择学派的出现和“经济人”假说的提出，要求政府及整个公共领域都按照市场经济的模式来引入拟市场的竞争机制，并在公共行政的制度层面加以确认。其后，世界各国发生了一系列行政改革运动，虽然表现形式各不相同，但都是围绕着这个思想理论进行的。公共领域是社会公众参与政治、讨论公共事务而形成的公共活动空间，存在于国家和社会两个领域之间，具有特殊性，这决定了单纯引入市场竞争机制是不可取的。

进入后工业社会，服务行政强调以服务为基本特征，以公众需求为出发点，政府充分发挥服务功能，满足公众需求。服务行政不仅强调政府在服务方面的主体性、责任性，同时对行政伦理责任建设提出了迫切的内在诉求。基于上述原因，公共行政发展只有走道德化之路，才是解决政府及其公共行政中所有问题的根本途径。公共行政的道德化包含公共行政的制度和体制的道德化，以及行政人员的道德化两个方面。制度和体制的道德化对行政人员道德修养的提高有着鼓励作用，如果没有制度和体制的道德化，行政人员个体的道德就是极其不稳定的；反之，没有行政人员的道德化，那么制度的道德化也将成为教条。两者之间彼此影响、相辅相成。

人们之间的伦理关系和道德原则不仅存在于日常生活中，也存在于制度设计之中，并通过制度框架和体制设计来发挥作用。因此，伦理关系和道德原则也应在制度中有所体现，当然公共行政也不例外。公共行政的制度和体制及其运行机制中都包含着道德的内容，并将这些内容付诸实施。制度和体制的道德化对于行政人员的行政行为有着普遍的约束力。具体而言，制度和体制的道德化对于道德觉悟高的人员起着激励的作用，对于道德觉悟低的人员则可以起到惩治的作用。所以，制度与体制的道德化可以通过对行政行为的调控，将褒扬和惩治相结合，强化道德的他律性，使一切行政行为在道德化的过程中有规可循。通过制度的形式建立一系列的公共行政道德规范，可使行政人员知道该做什么和不该做什么，从而形成正确的道德价值定位和价值取向。

在制度设计与运行中，行政人员是重要的中介因素。行政人员的素质和道德方面的支持能够弥补制度设计和运行中的不足，可以再次修正制度设计中的缺陷。行政人员的道德化是让其行政行为从道德的原则出发，坚持道德的价值取向，公正地处理行政人员与政府、与公众之间的关系。行政人员作为社会公共利益、公共秩序的维护者，需要运用公共权力去执行调节社会关系的职责，在处理与政府、与公众的关系时，应以公共利益为重，拥有一种为公共利益自我牺牲的精神，在行政行为中贯彻克己利人的原则。同时，公共行政的道德化包含着行政人员道德义务的内容。只有承认和实践对他人、对社会、对自己的义务，个体的利益和幸福才能实现，才赋有道德价值①。倘若失去了道德追求的目标，行政人员的行政行为以个人利益为价值取向，行政人员手中的权力就会变成谋取私利的工具。当个人利益与公共利益发生冲突时，其行政行为就会是无效率的，从而导致滥用权力和腐败现象的发现。

20 世纪 30 年代，受到科学管理思想的影响，公共行政一直以科学化为使命，为追求行政效率而忽视伦理与道德。到了 20 世纪 70 年代，政府的一系列不道德行为，如美国“水门事件”等引发人们对行政伦理与行政道德的关注，并发展成一个相对独立的研究领域。然而在实践中，公共行政仍然以科学化与技术化为主线，不断强化管理行政的既定原则，行政伦理与行政道德仅仅提供细节上的指导，以弥补科学化、技术化原则下建构的管理行政的价值缺陷。在全球化与信息化背景下构建的服务行政的模式是对管理行政的根本性替代。服务行政就是一种伦理化的公共行政。在服务行政模式下，行政伦理与行政道德从配角转化为主角，在公共行政研究中起着主导性作用，推动公共行政研究。

服务型政府及其服务行政是服务型社会治理模式的核心构成要素，却不是唯一的构成要素，在整个社会的服务体系中比其他社会治理主体承担着更多的服务责任。服务行政的核心地

---

① 张康之. 寻找公共行政的伦理视角 [M]. 北京：中国人民大学出版社，2002：218-219.

位是由责任决定的，而不是由权力决定的①。在服务行政中，合作制组织替代官僚制组织，道德制度成为主导，但承担更多责任并不意味拥有更多权力，对于责任履行的补偿是道德评价。在工业社会中，政府在社会治理体系中处于中心地位，权力仍然由政府垄断。到后工业社会，权力开始向社会转移，合作制组织不再将权力与固定的职位相联系，而是根据完成任务的最优安排进行配置。政府为了完成行政任务，必然拥有权力，但是这种权力不会大于社会的权力，且往往这些权力都具有暂时性特征。因此，权力也将不再作为吸引社会成员进入政府工作的主要原因，且只有有道德追求的社会成员进入政府，服务型社会治理体系才能成为合作治理的体系。只要尽可能保证政府及其行政人员的道德性，社会治理总体上就是道德的。通过服务行政，在社会上形成积极的示范效应，通过合作的方式来解决纠纷，实现目标。所以服务行政是伦理化的，服务型的社会治理也是伦理化的。

## 第三节　服务行政中的行政文化与行政作风

文化比起政治、经济等更富有普遍性、继承性和延续性，渗透到社会生活的各个领域，发生广泛的作用。生活在一定文化环境中的人们，每时每刻都在接受文化的教化，影响着人们的思想和行为选择。文化在不同的社会领域内具有不同的内容及表现形式，在行政管理领域表现为行政文化。当前对行政文化主要从心理学、文化学和政治文化与组织行为三个视角来研究，其中从心理学视角进行研究的著作最多。行政文化主要是

① 张乾友．公共行政的非正典化［M］．北京：中国社会科学出版社，2014：340.

精神与心理层面，在客观上表现为行政体系的隐形结构，是一种贯穿于行政体制、行政法律、公共政策的“客观精神”；在主观上是既定的社会历史时期中的一般文化、社会心理及行政体系赖以建立的特定思想体系在行政人员身上造成的心理积淀，包括行政管理技术层面①。

行政文化容易与行政心理、组织文化、行政伦理、行政精神等相关概念混淆，这些概念都与文化、心理、行政管理密切相关，都可以归入广义的文化的范畴。这些概念都涉及精神或心理层面的文化，都是个体或群体的心理过程与活动，相互关联，共同织就公共行政的大范畴，但侧重点、作用及功能却是各不相同的。因此，行政心理可以看作微观的行政文化，行政伦理可以看作狭义的行政文化，等等。总之，行政文化是公共行政文化的简称，是行政行为与活动的引航者，是与行政活动相关的群体或个体的思想、价值观、心理、素养与现实思想、习惯的结合。它不仅包括宏观层面的制度体系、中观层面的组织与群体的文化，还包括微观层面的群体与个人的行政心理。

行政文化总是根植于一定的行政实践，受社会所处的历史阶段的经济水平、国民素质、价值信仰、生态环境等影响。因此，行政实践的历史发展与行政文化的历史变迁是相互依附的。行政实践的历史大致经历了三个阶段，与之相应，也存在着三种形态的行政文化。在农业社会，一切行政管理的活动从属于统治的目的，这一历史时期的行政管理为统治行政，与之相适应的文化称作统治行政文化。统治行政文化以传统、习俗和惯例为依据，以专制、权利、自由、不平等为基础，以维护既定

① 张康之. 行政文化在行政人格塑造中的作用［J］. 青海社会科学，1999（6）：9-13.

的统治秩序为目标①。到了工业社会，随着国家公共行政范围的扩大化和事务的复杂化，管理公共事务要求的行政管理迅速增多。管理行政中更多接受公共的参与和社会的监督，甚至出现了行政管理的社会化趋势。此阶段对应的文化为管理行政文化，它以宪法和法律为依据，以维护法定的社会秩序，实现管理科学化、效率化、民主化为目标，但是由于它建立在官僚制的基础上，过分推崇专业化，缺少灵活性与应变能力，结果出现了官僚主义、低效率等一系列问题，民众对政府信任度降低。

20 世纪 70 年代末，全球化、信息化迅速发展，“新公共管理运动”不断发展和传播，以顾客为导向的公共服务出现，西方各国提出创建“服务型政府”的目标。服务行政是一种新的行政模式，国家的行政体系也以服务功能替代统治功能，服务行政不仅在制度设置上体现了服务的目的，而且使行政人员自觉地从公共利益出发，为公众、社会服务。此时的行政文化为继统治行政文化和管理行政文化之后形成的新的文化，即服务行政文化。服务行政文化最主要的标志是盛行这样一种价值信仰：它以公共利益代表者之面貌出现，从而必须积极服务于社会、服务于公众，它的运行方式、作用范围必须取得社会公众的认同，否则就将失去其存在的理由；公共行政所要维护或造就的秩序或结构并非由外部所强加，而是由相互发生作用的各种社会力量或社会公众经协商而达成的最可能的一致；某些传统或许被保留，但理由并不是因为是传统，而是因其代表或能够促进平等、自由与公正，或者因条件的限制②。服务行政文化具有如下特征。

---

① 艾子校. 服务行政文化之趋势的证明 [J]. 甘肃行政学院学报，2005（2）：129-131.

② 王迪. 论行政文化范式的历史变迁 [J]. 唯实，2000（5）：12-16.

1. 为人民服务

服务行政文化建立在服务行政的模式上，服务行政强调以“民本位”为核心价值，管理就是服务，政府围绕公众展开服务、履行职能，尽可能地满足社会的需求。因此，政府是有责任的“企业家”，公民是公共服务的“顾客”，政府应为公众提供高质量、高效率的服务，即“行政就是服务，公众就是顾客”①。在这种模式下，为人民服务的宗旨可以通过立法的形式被确立下来，公共权利的运行机制是一种自下而上的制约和监督。此时的管理应建立在为社会服务的原则基础上，管理是手段，服务才是目的。为人民服务是服务行政文化最重要的理念，也是其灵魂。

2. 有限性与责任性

有限性指政府职能和政府权力都要受到一定的限制。从政府的能力方面看，正如市场会失灵，也存在着政府失灵。从政府权力来看，政府的权力并非凌驾于社会之上和不受控制，而是来源于社会、服务于社会。政府的权力仅仅是为公众提供服务的手段，因此权力行使的范围由提供服务需要的内容来确定。责任性指的是政府因滥用权力，以及没有很好地履行义务而应承担的责任，包括道德责任、行政责任和法律责任。在服务行政文化下，政府权力来源于人民，政府的职能是为人民服务，依据权力和责任对等的原则，行政组织及行政人员都必须承担相应的行政责任，而行政责任也是公众控制政府行为的最重要的手段。权力会导致腐败，没有责任的权力必然会导致权力的滥用。如果政府没有相应的责任，公民的监督就失去了意义，最终也就失去了对政府的控制。

---

① ［澳］欧文·E. 休斯. 公共管理导论［M］. 北京：中国人民大学出版社，2001：276.

3. 参与性与高效性

公民对公共事务的参与是政府了解公众需求的重要途径，也是公民参与政府行政过程、监督政府行为、评估政府绩效的直接手段。服务行政文化无疑是以公众利益和需要为指向标的，因此，若将公众摒弃在公共行政系统之外，那么服务行政文化也就会失去方向与目标，最终改变性质，丧失继续发展的可能①。因此，只有将参与性纳入其中，服务行政文化才能彰显服务性本质，使公共行政的有限性和责任性都得以实现。高效性则意味着服务行政模式须解决统治行政、管理行政所带来的行政效率低下等问题，使其对应的行政文化是高效的行政文化，这也是对有限性及责任性的必然要求。

行政作风是行政人员素质、能力和形象的集中反映，是其在行政理想、行政态度、行政义务、行政良心、行政技能等方面长期的习惯性表现，是其道德修养和思想境界的总体体现。行政作风作为一个综合性范畴，是行政道德的实质性要素，不仅表现为行政人员及其组织在行政活动中的习惯性行为，也表现在行政活动之外的行政道德中。因此，行政作风是在长期的行政实践活动中，以及在多种主客观因素的综合作用下形成的，既受到行政职业传统、职业价值观念及相关制度等重要机制和制约因素的影响，还需要在行政道德的教育和修养中逐渐培养起来。

行政文化是在社会文化的基础上，以及在行政活动中形成的，不同的社会背景和行政活动会培育出不同的行政文化。行政文化可以通过行政心理、意识、思想等对行政活动产生影响，其对行政管理的影响深远，被称为“行政的非正式组织”。行

---

① 张秉福. 服务型行政文化：特征、意义及其构建 [J]. 中共天津市委党校学报，2006 (1)：101-104.

政文化由行政思想、行政制度和行政心理三个基本要素构成，行政作风、行政道德和行政精神是行政文化的核心内容[①]。因此，行政作风是行政文化的核心内容之一，是一种思想性的行政文化，是行政价值观、行政意识及行政信念的集中体现。优良的行政作风具有强大的凝聚力和感染力，可以改善政府与公众之间的关系，是政府职能实现的基本条件。

服务行政模式所对应的是服务行政文化，服务行政模式的特点也决定了服务行政文化所具有的特征，如服务性、责任性、有限性等。纵观历史，各国政府都非常重视行政作风建设。我国早在公元前 16 世纪的商朝时期，就出现了针对官员腐败的“三风十愆”的严厉官刑。不同时期，统治者为了维护其自身利益，对作风建设的要求有所不同，采取的措施也千差万别。尤其是伴随着全球化、后工业化的改革运动，以服务为主要特征的服务行政模式应运而生，其外在的环境及服务行政模式对行政作风提出了更高的理论及实践诉求。那么，在服务行政中应倡导哪些优良的行政作风呢？

首先，优良的行政作风是为民之风。服务行政是以公民为本位，按照公民意志组建起来的，以公共服务为宗旨并承担着服务责任的行政模式[②]。服务行政中行政人员代表的是公民，政府仅是公民和公共组织之间的首要联络点，应将公民的意愿与要求作为其服务行政的出发点和归属点。优良的行政作风必然是为民之风，这正与官僚主义相对立，一切行政活动的产生都是为了满足公民的利益。

其次，优良的行政作风是公正之风。公正是治国者的为政

---

① 彭国甫，潘信林. 毛泽东对行政文化的探索与贡献［J］. 马克思主义与现实，2006（4）：142-144.

② 余敏江，潘希. 服务行政的“公民”本位及其政治哲学基础［J］. 学术界，2010（12）：61-69.

之德，在现代社会中显得非常重要。随着信息化、全球化时代的到来，文明冲突和价值冲撞随之而来，各类复杂的利益关系和矛盾冲突相继出现，只有行政组织在行政活动中保持公正性，才能有利于社会和谐，反之则会引发民怨，激化社会矛盾。

最后，优良的行政作风是廉洁之风。廉洁从政、反腐倡廉是历朝历代作风建设的重点。腐败本质上是道德腐败，是治国理政的大敌，不仅仅损耗社会财富，更会使政府公信力下降。行政人员掌握着公共权力，只有坚持廉洁的道德品质，严格遵守廉洁从政若干准则，不断提高自我约束能力，才有资格代表广大人民群众的利益，才能得到人民的信任与拥护。

服务行政模式对行政作风的价值判断有全面的认识，对于具体建设措施方面也有新的建议。服务行政是以公民为本位、以服务为责任和目的的行政模式，行政人员在行政管理活动中必须以服务作为行政责任，作为其应该具备的道德规范理念。行政人员在行政管理活动中应清楚自己的行政责任，明白其行政角色和义务。行政组织明确规定了行政人员的岗位职责，使行政人员树立道德责任感意识，对道德的行为进行鼓励，对偏离道德的行为及时调整，对行政人员的行政伦理观念进行教育引导。服务行政要求政府信息公开，让公民清晰知道政府在干什么、其结果如何，鼓励公民参与公共事务，保障公民的知情权、参与权，公民还可以对行政活动进行监督及评估，这促使政府将行政行为进一步公开，增强公众参与和监督的力度。同时，行政组织通过组织引导教育，加强行政人员的道德水平建设，提高其道德修养觉悟，并将行政道德规范以制度形式加以明确，培养行政人员良好的行政道德情操。服务行政模式从内外两个方面使自律与他律相结合，规范行政人员的行为，改进行政作风，从而增强政府的公信力。

# 第七章　改革开放以来行政作风建设的实践分析

中国共产党由武装夺取政权的革命党成为掌握国家政权、推动社会发展的执政党。当前，党既要领导和推动全国范围的社会变革，又要使各项行政工作主动转变以适应社会变革。在执政中，党承担起新的历史使命和任务，充分发挥执政党的领导作用，将党的宗旨和原则贯彻于行政之中，逐渐形成有中国特色的行政作风。同时，行政组织的人员构成以党员为主体，政府的领导者多为共产党员。中国共产党一贯重视自身的作风建设，这也是她能历经近百年取得革命胜利与建设成功的政治优势和法宝。这使得行政作风与党的作风的内容和要求在根本上具有一致性。

中国共产党从成立之日起就非常重视作风建设，不断推进作风建设的实践探索。在新民主主义革命时期，党形成了理论与实践相结合、密切联系群众、批评与自我批评的优良作风；在社会主义革命和建设时期，通过开展整风运动和“三反”“五反”运动，克服官僚主义、命令主义作风，净化党风，有效地遏制了不良作风蔓延的势头；进入改革开放新的历史阶段，国家面临着内外双重压力，形势复杂性超过以往，不断推进并把行政作风建设摆在首位是一种明智的选择。因此，在中国语境下分析改革开放以来行政作风建设的实践探索，可以更深层次地领悟其内涵，能适应时代的变化不断地进行自我革新和完善，为新时代加强行政作风建设提供有益借鉴和决策依据。

## 第一节　行政作风建设的恢复与全面发展时期

党的十一届三中全会是社会主义建设和作风建设的历史转折点。随着改革开放的不断深入和国际交往的日益增多，人们的思想观念发生了较大变化，西方一些腐朽的、消极的思想文化乘机而入，冲击着人们的思想观念。在这样的时代背景下，以邓小平同志为核心的党的第二代领导集体始终把作风建设作为一项重要任务，全面恢复和发扬党的优良传统和作风，克服了一些不正之风，拓展了其思路和路径选择，为之后的作风建设奠定了良好的基础。

### 一、恢复和发扬党的优良传统和作风

以邓小平同志为核心的党中央继承和坚持党的优良传统和作风。党的十一届三中全会将党的工作重心转移到社会主义现代化建设上来，实现了作风建设的重大转变。同时，党的十一届三中全会彻底否定了“两个凡是”，重新确立并丰富了实事求是的思想路线，揭开了重振马克思主义学风的序幕，也开启了作风建设实践的新征程。会后，各项工作走上了健康发展的道路，推出一系列作风建设的新举措，坚持党的领导和群众路线，反对官僚主义，恢复党的纪检机关，加强廉政建设，惩治腐败，优化制度建设，让作风建设得到保障。邓小平指出：“如果不坚决搞好党风，进一步恢复党的实事求是、群众路线和艰苦奋斗的优良传统，就可能出现一些本来可以避免的大大小小的乱子，使我们的现代化建设在刚刚迈出第一步的时候就

遇到严重的障碍。”① 全国上下展开关于真理标准问题的大讨论，倡导党员要摆脱教条主义的束缚，解放思想，实事求是，让党的思想路线回到正确轨道上来。在全党的共同努力下，党的优良传统和作风得到继承与发扬，部分党员身上存在的不正之风得以纠正，为改革开放和社会主义现代化建设的顺利进行奠定了坚实的基础。

## 二、开展全面整党，改进作风

改革开放后，外来价值观念的冲击和新的执政环境使党内出现了思想不纯、作风不纯的现象。为了提高党员的党性修养，改善作风，中共十二大通过了新的《中国共产党章程》，重申并明确了党的性质，明确了党的指导思想，对党的纪律检查机构作了具体的规定，标志着作风建设进入按章建设的新的历史时期，对作风建设具有里程碑意义。整党运动从 1983 年开始，分期分批对从中央到基层组织党员的作风进行了一次全面、系统的整顿，是改革开放和社会主义现代化建设新时期首次大规模作风建设运动。这次整党运动，确保了党员在思想上的高度统一，纠正了以权谋私的不良行为，克服了官僚主义和形式主义，打击和处理了一批违法乱纪的腐败分子，纯洁了党的组织。这次整党运动听取了群众的意见，把有没有解决群众关心的问题作为评价标准，增强了决策的民主化与科学化，提高了党员的党性修养，是新时期党进行自身建设的重大探索，为之后的行政作风建设积累了宝贵的实践经验。

---

① 邓小平. 邓小平文选：第二卷［M］. 北京：人民出版社，1994：162.

# 第二节　作风建设的整体推进新时期

20 世纪 80 年代末 90 年代初，东欧剧变、苏联解体使世界社会主义发展遭受重大挫折。从国内形势看，社会主义市场经济体制刚刚建立，受到市场“逐利原则”和“交易原则”的影响，极少数行政人员生活腐化、权力寻租、贪污受贿等，这些现象对作风建设提出了严峻的挑战。面对复杂的国际国内形势，党的十三届四中全会后，以江泽民同志为核心的党的第三代领导集体高举邓小平理论伟大旗帜，紧紧围绕“建设一个什么样的党，怎样建设党”这一重大课题，掀开了党的作风建设的新篇章，进入党的作风建设整体推进的新时期。

## 一、党的作风内涵深化

党的第三代领导集体在不断探索党的建设的过程中明确了党的建设的结构和深刻内涵，将党的作风建设、思想建设、制度建设和组织建设结合起来，实现“四位一体”，将党的作风建设正式纳入党的建设轨道中来。江泽民同志指出，党的作风是党的形象，是党的性质、宗旨、纲领、路线的重要体现，是党的创造力、战斗力和凝聚力的重要内容。他明确了党风的具体内涵，将其分为思想作风、学风、工作作风、领导作风和干部生活作风五个部分。对党的作风建设具体内容的概括不仅明确了党风建设的重点，也为党的作风建设指明了方向。对党风中存在的问题进行根源分析，探索出一条“思想教育和制度规范”相结合的解决路径。这种方法认为党的作风建设需要将党的思想建设、制度建设和组织建设结合起来，把党风、政风、社会风气结合起来，使其成为一个系统工程，这样才能摆脱党风建设中不治根的问题。

## 二、“三讲”教育活动对作风建设的新发展

1995 年，江泽民在北京视察时指出，根据当前干部队伍的状况和存在的问题，在对干部进行教育时，要强调讲学习、讲政治、讲正气①。党的十五大明确提出，继续在县级以上领导干部中深入进行以讲学习、讲政治、讲正气为主要内容的党性党风教育②。随后的两年，党在全国范围内采取自上而下的方法，在领导干部中分级分批地深入开展“三讲”教育活动。此次活动不仅是党的作风建设的新探索，也是促进党风纯净的重要举措。在“三讲”教育中，“讲学习”“讲政治”“讲正气”三个方面都与作风建设紧密相连。其中，“讲学习”要求党员干部在学风方面认真学习党的理论知识，提升思想政治水平，这是加强思想作风建设的体现；“讲政治”直接针对思想作风，要求党员干部把握政治方向，坚定政治立场，提升政治敏感性；“讲正气”则强调领导要带头发扬和继承党的优良传统，坚决与一切歪风邪气和贪污腐败作斗争，侧重工作作风。这次是以整顿党员干部学风、思想作风、工作作风为重点的集中性教育活动，是新形势下加强党的作风建设的一次积极有益的探索，也是党的作风建设的深化与发展。这次教育活动采用批评与自我批评的方式，继承了延安整风运动的精神，坚持把党性分析、自查自纠与民主评议结合起来，使全党同志尤其是领导干部接受了一次深刻的党性党风教育，提高了党员的思想政治素质，端正了全党的作风，锤炼了党性修养，增强了党员干部抵制不良作风的信心，达到了预期目的。

---

① 江泽民. 江泽民文选：第一卷［M］. 北京：人民出版社，2006：483.

② 中共中央文献研究室. 十五大以来重要文献选编：上［M］. 北京：人民出版社，2000：46.

### 三、"八个坚持、八个反对"对作风建设的新概括

党的十五届六中全会上通过的针对作风建设专门提出和制定的纲领性文件《中共中央关于加强和改进党的作风建设的决定》指出："执政党的党风，关系党的形象，关系人心向背，关系党和国家的生死存亡。"由于我国仍处于社会主义初级阶段，加之各种社会思潮如利己主义、拜金主义等不断侵蚀，极少数信念不坚定的同志抵挡不住诱惑，官僚主义、形式主义等不良风气仍在蔓延。对此，会议指出，党的作风建设是一项长期性、艰巨性的任务，加强和改进党的作风建设的主要任务就是"八个坚持、八个反对"，即坚持解放思想、实事求是，反对因循守旧、不思进取；坚持理论联系实际，反对照抄照搬、本本主义；坚持密切联系群众，反对形式主义、官僚主义；坚持民主集中制原则，反对独断专行、软弱涣散；坚持党的纪律，反对自由主义；坚持清正廉洁，反对以权谋私；坚持艰苦奋斗，反对享乐主义；坚持任人唯贤，反对用人上的不正之风。全党全面贯彻"八个坚持，八个反对"，开拓进取知难而进，关心群众，真抓实干，艰苦奋斗，拒腐防变，使党的作风、党群关系有了明显的改善，让人民群众见到实效，增强对党和党所领导的事业的信心。"八个坚持、八个反对"是全面的党风整治，是长远兼顾、整体推进的作风建设的新部署，对作风建设有着不可估量的作用。

## 第三节 作风建设的培育时期

进入 21 世纪，国际局势发生了深刻变化，全球化和信息化趋势愈发明显，多元文化相互交流、融合、渗透和冲撞。我国的改革开放进入关键时期，社会结构、利益关系格局发生深刻

变化，各类复杂的新问题层出不穷。新的世情、国情、党情呈现出新的特点，党的执政地位和环境、肩负的历史使命及自身状况都发生了巨变，这对作风建设提出了新的要求和挑战。以胡锦涛同志为核心的党的第四代领导集体为了开创中国特色社会主义事业新局面，面对世情、国情、党情的新变化，积极采取新思路新举措，开启了党的作风建设的新篇章。

1. 开展以“三个代表”重要思想为主要内容的保持共产党员先进性的教育活动

党的十六大把“三个代表”重要思想列为党的指导思想，并作为推动作风建设和我国社会主义现代化的新指南。“三个代表”重要思想赋予党的作风新的内容和特质，重新确定了作风建设的方向和目标，也深化了党风建设的标准。从 2005 年 1 月开始到 2006 年 6 月，分三批先后在县级及以上党政机关和部分企业事业单位、城市基层和乡镇机关、农村和部分党政机关中开展了保持共产党员先进性教育活动，是截至当时党的历史上参加人数最多、规模最大的一次马克思主义集中教育活动。经过全党共同努力，这次教育活动基本完成了目标要求，取得了显著成效。广大党员通过学习，提高了思想理论水平，坚定了理想信念，增强了先进性意识，从而在履行岗位职责过程中能够充分发挥先锋模范作用。同时，基层党组织的创造力、凝聚力、战斗力进一步提高，党执政的组织基础更加巩固，作风整体上也有改善。党组织和党员服务群众的行动更加自觉，党员干部的作风进一步改进，人民群众关心的一些重点问题得到初步解决，党群干群关系进一步密切。

2. 坚持科学发展观，建设学习型政党

党的十七大明确了科学发展观为党的指导思想，把科学发展观概括为“第一要义是发展，核心是以人为本，基本要求是全面协调可持续，根本方法是统筹兼顾”。党作为建设中国特色社会主义的领导力量，党的作风建设也必须符合科学发展观的要求。因此，在科学发展观引领下的作风建设是全面的、可持续的作风建设。思想决定意识，思想作风建设是作风建设的首位任务。党的十七届四中全会对党的建设工作进行了全面部署，提出建立马克思主义学习型政党。建设学习型政党，要求在加强思想作风建设的过程中营造浓厚的学习氛围，建立持续学习机制，找到有效的学习方法，引导党员加强学习、终身学习，使学习成为一种经常化、普遍化和制度化的行为。针对部分干部出现形式主义和官僚主义作风等现象，要求全党加强党性修养，弘扬求真务实精神，大兴求真务实之风，树立正确的政绩观，改善工作作风，切实做到为民、务实、清廉。坚持科学发展观应以最广大人民群众的根本利益为核心，坚持“权为民所用、情为民所系、利为民所谋”的执政理念，要求党员干部树立正确的权力观、地位观和利益观，改善领导作风。针对党内出现的拜金主义、享乐主义和奢靡之风的现象，胡锦涛提出以“八荣八耻”为主要内容的社会主义荣辱观，强调“以艰苦奋斗为荣，以骄奢淫逸为耻”，对党内一些不正之风起到了很好的抵制和纠正作用。

3. 倡导“八个方面的良好风气”，提出“四个大兴”的要求

2007年1月9日，胡锦涛同志在中央纪委第七次全体会议上指出，领导干部要践行八种良好风气，即勤奋好学、学以致用；心系群众、服务人民；真抓实干、务实实效；艰苦奋斗、勤俭节约；顾全大局、令行禁止；发扬民主、团结共事；秉公用权、廉洁从政；生活正派、情趣健康。要充分认识加强领导干部作风建设的极端重要性和紧迫性，切实把加强领导干部作风建设放在更加突出的位置，下决心抓紧、抓实，努力实现领导干部作风建设的进一步转变。党的十七届四中全会又明确提

出“四个大兴”，即大兴密切联系群众之风，大兴求真务实之风，大兴艰苦奋斗之风，大兴批评与自我批评之风。“八个方面的良好风气”和“四个大兴”从本质上要求领导干部不断提高党性修养，努力成为良好风气的助推者，抓住了作风建设的关键一环，具有很强的针对性和指导性，为作风建设注入了新的时代内涵与要求。在全体领导干部中倡导“八个方面的良好风气”，认真落实“四个大兴”的要求，不仅改善了领导干部的作风，密切了党群关系，而且推进了党的建设新的伟大工程，为构建和谐社会提供了有力保障。

4. 反腐倡廉：作风建设的深化

党的十六大以后，我国的改革开放进入更加关键的时期，巨额的经济犯罪偶有出现，以权谋私、权力犯罪的违纪违法案件也屡见不鲜，反腐败斗争的形势日益严峻。面对复杂的国内外形势，党的十七大将反腐倡廉建设作为党的建设的重要内容，并确立其基本方针为“坚持标本兼治、综合治理、惩防并举、注重预防”①。实践中，对党员干部加强反腐倡廉教育，并印发《建立健全惩治和预防腐败体系2008—2012年工作规划》等文件，通过制度配合推进作风建设，健全监督机制制约权力，同时注重法制工作，颁布了一批重要的法规，把反腐倡廉建设纳入法治化的轨道。

## 第四节　作风建设的成效时期

进入新世纪，世界正处于大发展大变革时期，政治多极化、经济全球化、社会信息化、文化多元化都深入发展。面对复杂

① 吴美华．新时期党的建设的探索［M］．北京：中国人民大学出版社，2008：136.

多变的国际局势和严峻的国内政治生态，党的十八大报告指出，“精神懈怠危险、能力不足危险、脱离群众危险、消极腐败危险更加尖锐地摆在全党面前”，迫切需要加强作风建设，“增强党的自我净化、自我完善、自我革新、自我提高能力”。各届政府高度重视并积极推进作风建设，充分认识到作风建设是推进党的建设新的伟大工程的重要切入点和着力点，是中华民族伟大复兴道路上面临的严峻挑战。党的十八大以来，以习近平同志为核心的党中央始终致力于作风建设，提出了一系列新理念新思想，采取了一系列重大举措，把作风建设推到了一个新高度。

1. 中央八项规定：作风建设的切入口

党的十八大以后，党中央选择以八项规定开局破题，坚持以钉钉子精神来纠正“四风”，持之以恒正风肃纪，是新时代以来推进作风建设的重要举措。中央八项规定从改进调查研究、精简会议、精简文件、规范出访活动、改进警卫工作、改进新闻报道、严格文稿发表、厉行勤俭节约等八项内容来整顿作风，是针对作风建设存在的一些问题而设定的党内法规条例。中央八项规定主要是针对中央政治局委员提出来的，要求他们以身作则，以上率下，率先垂范，树立典范。中央八项规定出台以后，各地区各部门结合地区及自身行业特点都出台了地方的相关规定，通过针对性的政策治理来强化中央八项规定内容的执行。中央八项规定在具体的落实过程中不断完善与细化，逐渐形成了中央八项规定精神，这一精神成为全面从严治党的重要抓手，也是行政作风建设的切入口和动员令。中央八项规定的实施，有力整治了令人深恶痛绝的“四风”问题，攻克了一些司空见惯的顽瘴痼疾，党风政风为之一新，社会风气有了明显好转，作风建设取得了阶段性成果。2024 年 9 月，全国共查处违反中央八项规定精神问题 22313 起，批评教育和处理 31614

人，其中党纪政务处分22475人。这是中央纪委国家监委连续第133个月公布违反中央八项规定精神问题的数据统计表，可见党持续整治群众身边的不正之风和腐败问题的决心和毅力。

2. 党的群众路线教育实践活动：行政作风建设的推动力

党的十八大报告指出，“围绕保持党的先进性和纯洁性，在全党深入开展以为民务实清廉为主要内容的党的群众路线教育实践活动”。针对党内存在的“四风”问题，切实解决党内脱离群众的顽瘴痼疾，贯彻落实中央八项规定精神，党中央做出了在全党范围内深入开展以作风建设为重点的党的群众路线教育实践活动的决定。本次教育实践活动自上而下分两批进行，贯穿“照镜子、正衣冠、洗洗澡、治治病”的总要求，开展批评与自我批评，针对作风方面存在的问题，提出解决对策，制定和落实整改方案，其目的是教育引导党员和干部树立群众观点，弘扬优良作风，解决突出问题，保持清廉本色，使党员和干部思想进一步提高，作风进一步转变，党在群众中的威信和形象进一步树立，党心民心进一步凝聚。党的群众路线教育实践活动历时一年，纠治了形式主义、官僚主义等作风建设方面的顽瘴痼疾，整治了歪风邪气，解决了多年未能解决的问题，高度净化了党内政治生态，使党焕发出新的生机。

3. “三严三实”：作风建设的新要求

党中央从实际出发，实事求是，提出以“三严三实”（即严以修身、严以用权、严以律己，谋事要实、创业要实、做人要实）来深化“四风”整治。“三严三实”把作风建设凝练为“严”和“实”两个维度，是新时代党员干部在工作作风中遵循的重要原则和行为准则，是对作风建设要求的新的科学概括。2015年4月，中共中央办公厅印发《关于在县处级以上领导干部中开展“三严三实”专题教育方案》，开始有针对性地进行深化专题教育。本次专题教育活动采取以上率下、示范带动的方法，来解决党内存在的理念动摇、顶风违纪搞“四风”及无视政治纪律等问题，不仅巩固党的群众路线教育实践活动的成果，还扼杀“四风”蔓延的势头，形成权责统一、敢于担当、风清气正的正派作风，是加强和改进作风建设的又一重要举措。在“三严三实”专题教育活动中，各级领导干部严格对照“三严三实”要求，深入查找与之不相符的作风问题，自觉内化践行“三严三实”具体要求，加强党性锻炼和理论修养，整改自己在修身、用权、律己、谋事等方面存在的问题，加强党性修养，将“三严三实”具体要求贯穿在作风建设中，提高了党的创造力、凝聚力和战斗力，促进了党风的持续好转。

4. “两学一做”：作风建设的思想政治教育部署

为了巩固拓展党的群众路线教育实践活动和“三严三实”专题教育的成果，进一步解决党员队伍中存在的问题，党中央决定在全体党员中开展“两学一做”学习教育。“两学”指学习党章党规和系列讲话，“一做”指做合格党员。2016 年 2 月，中共中央印发《关于在全体党员中开展“学党章党规、学系列讲话，做合格党员”学习教育方案》，并发出通知，要求各地区各部门认真贯彻执行“两学一做”学习教育。通知指出，“两学一做”学习教育是面向全体党员深化党内教育的重要实践，是推动党内教育从“关键少数”向广大党员拓展、从集中性教育向经常性教育延伸的重要举措。开展“两学一做”学习教育，将思想建设放在首位，认真学习党章党规和习近平总书记系列重要讲话精神，引导党员自觉按照党员标准规范言行，坚定理想信念，提高党性修养，增强政治意识、大局意识、核心意识、看齐意识，推动了党的作风建设不断向纵深发展。广大党员坚持从实际出发，以问题为导向，坚持学用结合，知行合一，不仅要坚定理想信念，增强“四个意识”，还应该自觉做“四讲四有”（即讲政治、讲规矩、讲道德、讲奉献，以及有信念、有纪律、有品行和有作为）的合格党员。

5.“不忘初心、牢记使命”主题教育：作风建设的巩固和升华

党的十九大报告中指出，弘扬马克思主义学风，推进“两学一做”学习教育常态化制度化，以县处级以上领导干部为重点，在全党开展“不忘初心、牢记使命”主题教育。中共中央决定在全党自上而下分两批开展“不忘初心、牢记使命”主题教育，用党的创新理论武装头脑，推动全党更加自觉地为实现新时代党的历史使命不懈奋斗。本次主题教育是贯彻党的十九大精神的关键举措，让广大党员干部牢记中国共产党的使命，铭记“为中国人民谋幸福，为中华民族谋复兴”的“初心”和“使命”，激励他们不断前进。本次主题教育也引导广大党员深入学习和了解党的历史，提高党性修养水平，爱党、拥党、护党，时刻牢记历史、不忘本源；坚持不忘初心、继续前进，就要保持党的先进性、纯洁性和战斗性，提高执政能力，巩固执政地位，推动全面从严治党，严肃党内政治生活，净化党内政治生态，在推动经济社会全面发展的新使命中勇往直前。经过此次主题教育，党员干部受到思想政治的洗礼，产生了更强烈的政治责任感和历史使命感，坚守人民立场，为民谋利、为民尽责，增进与人民群众的感情；按照党规党纪做事，守规矩，及时纠正不当的行为作风，坚决预防和抵制腐败，加强党员干部党性修养，切实改进了作风。

6. 党史学习教育：作风建设的基石

在中国共产党成立100周年之际，党中央决定在全党开展党史学习教育。本次集中性学习由习近平总书记亲自谋划部署，提出“学史明理、学史增信、学史崇德、学史力行”的总要求，各级党委成立党史学习教育领导小组，督促学习开展，检

验学习成效，注重学习方法创新，与为群众办实事相结合，这些都是历史上首次提出的举措。2022 年 3 月，中共中央办公厅印发《关于推动党史学习教育常态化长效化的意见》，对党史学习教育进行系统布局、层层推进，对党史学习教育常态化长效化做了全面安排和部署。其后的《党史学习教育工作条例》对党史学习教育的领导体制和工作职责、内容、主要形式、保障和监督等作出全面规范，为党史学习教育工作常态化长效化提供基本遵循和制度保证。通过学习教育实现以史鉴今、以史育人的过程，既要强化党史学习的知识性、学理性，更要突出党史学习的价值性，引导党员群众树立正确的党史观。此次学习教育将学习党史同感悟思想和“五史”教育结合起来，有利于在党的历史经验中把握历史规律，深刻认识党的领导及中国道路的历史必然性。引导党员干部通过感悟精神谱系，传承红色基因，深化对党史理论知识的内核与精髓的认知，从思想价值层面上对党史产生情感共鸣，从而强化理想信念，坚定历史自信。党史学习教育，能够使行政人员深入了解党的优良传统和作用，强化党性教育，提升政治素养，增强责任感和使命感，激发工作热情，树立良好的行政形象。

7. 学习贯彻习近平新时代中国特色社会主义思想主题教育：作风建设的关键抓手

党的十八大以来，通过持之以恒抓作风建设，全面从严治党，解决了党内许多突出问题，实现了党风政风社风的明显好转，但党面临的执政考验、精神危险、消极腐败危险等却长期存在。从 2023 年 4 月开始，以县处级以上领导干部为重点，在全党自上而下分两批深入开展学习贯彻习近平新时代中国特色社会主义思想主题教育，这是贯彻落实党的二十大精神的重大举措。这次主题教育的总要求是“学思想、强党性、重实践、建新功”，其中，学思想是前提，强党性是根本，重实践是关键，建新功是方向。在本次主题教育中，党员、干部全面系统学习主要内容，建构完整的科学体系，把理论思想同日常工作、岗位职责融会贯通，做到学以致用、用以促学，坚持学思用贯通、知信行统一。党员、干部把握“学理论”主线，深入学习，用习近平新时代中国特色社会主义思想凝心铸魂，牢固树立和践行正确的政绩观，人民群众获得感、幸福感、安全感有了新增强。各地区各部门严明纪律规矩，强化制度约束，开展问题专项整治，深入治理不担当不作为、损害群众利益、破坏营商环境、行业不正之风等突出问题，严厉惩治腐败，正作风、治歪风、树新风，全面自查自纠，整改整治，思想、组织进一步纯洁，政治生态呈现新气象。

党的十八大以来，以习近平同志为核心的党中央以强烈的历史担当和顽强的意志品质，直面当前作风中存在的种种问题和弊端，不断推进作风建设的持久战，取得显著成效，党内政治生态明显好转，党群关系明显改善，党风政风呈现新气象，党心民心为之振奋。2022 年国家统计局社情民意电话调查结果显示，对党中央带头贯彻执行中央八项规定精神情况表示满意、总体成效表示肯定的民众占比分别为 98.2%、95.7%①。调查统计数据也表明了党的十八以来作风建设的卓著成效，充分反映了人民群众对作风建设成效的高度认可。党经过多年坚持不懈努力，刹住了一些长期没有刹住的歪风邪气，解决了一些长期未能解决的顽瘴痼疾，党风政风为之一新，社风民风向上向善。作风建设永远在路上，永远没有休止符，党始终将加强作风建设作为一项重大而紧迫的任务，推进作风建设长效化。

---

① 咬定青山不放松——党的十九大以来以习近平同志为核心的党中央贯彻执行中央八项规定、推进作风建设综述［EB/OL］.（2022-10-08）［2024-06-08］. https://www.gov.cn/xinwen/2022-10/08/content_5716689.htm.

# 第八章　全面深化改革时期优化行政作风建设的伦理路径选择

## 第一节　行政作风与伦理关系

农业社会的统治型社会治理模式是以权力关系为轴心的社会治理，近代以来的管理型社会治理模式是以法律关系为主导的社会治理，后工业社会的服务型社会治理模式则是以伦理关系为主导的社会治理。因此，要辨识服务型社会治理模式的公共管理是否完善，需要认识伦理关系，并依据伦理关系的特性进行一系列的制度安排。行政作风是道德修养和思想境界的总体体现，本身就属伦理范畴。因此，行政作风建设研究需要在社会治理的动态发展中把握伦理关系，并从与权力关系、法律关系的互动体系中认识它们的区别，以及把握伦理关系的特性及功能、在伦理视角下提出优化路径，从而做出制度设计和安排。

### 一、服务行政与行政伦理

在公共管理活动中，权力关系、法律关系和伦理关系构成了最基本的三大关系。权力关系是由公共管理组织结构所决定的结构性联系，法律关系是由国家法令和公共管理的章程、规定等约定的制度性关系，伦理关系则是建立在普通的人际关系和行为准则的基础上、体现在公共管理活动中的价值关系。具体地说，公共管理中的伦理关系也可以看作人们在公共管理这一职业活动中建立起来的一种客观联系，公共管理的特征和公共管理组织的群体性特征决定了这种伦理关系的客观内容①。

伦理关系具有普遍性，存在于人类社会的一切生活领域，也存在于人类社会的任何一个历史阶段。因此，在统治型、管理型、服务型社会治理模式中都存在伦理关系，其在社会生活各方面起着调节作用。但与统治型、管理型社会治理模式不同，服务型社会治理模式既不是以权力的强制力为前提的统治阶级意志的实现，也不是通过法律制度对社会进行的有效控制，而是在服务精神的基础上，以伦理关系作为基本的社会治理关系的模式。对于公共管理主体而言，伦理关系与新型的社会治理模式一样，是历史上的一项新生事物。这种伦理关系基本上是作为行政伦理关系而存在的，随着公共管理主体的多元化，伦理关系也相应地由行政伦理关系向公共管理伦理关系转化。公共管理体系的发展过程也是伦理关系生成、发展的过程，需要以伦理关系为依据，并得到伦理关系的支持。因此，分析服务型社会治理模式中行政伦理的特征，对于认识与构建服务行政体系，以及进行行政伦理建设都具有重要的意义。

1. 服务性

服务型社会治理模式下行政伦理的首要特征就是服务性，它根植于服务行政的服务精神。公共管理伦理关系的生成，有一条从服务期望到公共管理主体道德自觉再到伦理关系生成的逻辑通道，而公共管理主体及其群体成员的道德自觉又是由公共管理体系的整体服务定位决定的②。行政人员及组织的服务

---

① 张康之. 论公共管理中的伦理关系［J］. 中国人民大学学报，2003（2）：136-143.

② 张康之. 论伦理精神［M］. 南京：江苏人民出版社，2010：159.

精神是伦理精神的具体体现，道德制度的确立为这种服务精神提供了保障。因此，在服务行政中，行政伦理是调整公共管理主体内部的自律方式，行政人员的服务意识和服务精神决定了这种自律方式对社会的调节力度。服务行政要求行政人员及组织树立为人民服务的意识，并将这种意识内化为道德自觉性，最终实现公共利益。

2. 平等性

统治型社会治理模式下的权力关系是一种自上而下的依据组织结构体系确立的强制性关系，是一种不平等的等级关系。管理型社会治理模式中的法律关系也仅是形式上的平等，在这种形式平等的背后存在严重的不平等，导致以平等为内涵的伦理关系在社会治理过程中被压制和排挤。服务型社会治理模式下的行政伦理与农业社会的工具性伦理不同，与工业社会的功利性伦理也不同，是一种实质性平等的高级伦理形态，它包括公平、正义、包容、仁爱等价值，是指导社会生活各方面的道德规范。人与人之间的平等已经不仅仅是一种观念，更是社会现实①。所以，服务型社会治理模式下的行政伦理关系也是人类长期追求的平等关系的实现。

3. 开放性

统治型社会治理模式通过权力关系单向运动而获得强制性的秩序，是一个封闭体系。在管理型社会治理模式中，法律关系对权力关系的放任进行束缚，赋予了社会治理体系有限的开放性。在服务型社会治理模式中，公共管理伦理关系的开放性是全面的开放性，它接受法律关系的平等理念，又超越这种平等，它所表现出来的是公共管理主体之间、主体与客体之间、

---

① 张康之. 论伦理精神 [M]. 南京：江苏人民出版社，2010：170.

公共管理者与其对象之间实质性的平等①。服务行政秉承的是服务的理念，是在平等参与的基础上，把公共利益的实现作为至高无上的追求，反对垄断，接受来自社会各方面的意见和建议，因此其伦理关系是开放的。

4. 公共性

服务行政要求公众共同参与和影响公共政策决策、执行、监督等过程，以实现公共利益。在哈贝马斯看来，公共的就应当是道德的，在公共领域如果回避或者忽视道德的审视，就无法把握公共领域的性质，也无法正确确立公共行政的方向②。服务型社会治理模式属于德治的社会治理模式，是德治与法治的统一。因此，在服务型社会治理模式中，应重视对全民的德性教育，实现自律与他律的统一，将行政人员转化为公共人，使其在道德价值取向上以追求公共利益为最终目标，重视对全社会的价值关切，维护公共秩序与公共精神，追求整个社会的道德化。

## 二、伦理精神视角中的行政作风

人的生命包含着三重内容，分别是人的物质存在、精神存在和道德存在③。其中，物质存在是人的自然属性；精神存在是心理上和精神上的存在；道德存在是更高形式的存在，良心则是道德存在的最高境界。三者之间存在明显不同，但又相互影响。物质存在是最为表面的存在形式，其状况会反映到精神和道德上，影响着人对观念、思想和文化的弃取。精神存在具

---

① 张康之. 论公共管理伦理关系的特性 [J]. 江海学刊，2003 (1)：85-90.

② 张康之. 寻找公共行政的伦理视角 [M]. 北京：中国人民大学出版社，2002：250.

③ 张康之. 论人的道德存在以及人的自我完善 [J]. 甘肃社会科学，2005 (6)：55-58+54.

有一定的社会性，对物质存在有着重要的反作用，是人的物质存在与道德存在之间的桥梁。道德存在具有最充分的社会性，精神存在对道德存在有着直接的影响，道德存在也会通过心理作用活动转化为精神存在。人的道德修养过程，实际上就是人通过对自身的物理存在和精神存在的改变和调整去影响自身的道德存在的过程①。道德存在是最高层次和最本质的存在，是物质存在和精神存在的升华和超越。

人的道德存在是依据个人具体存在的，但人的道德行为表现为道德存在与客观需要之间的契合。实践中，每个人都扮演着一定的社会角色，都有着相应的道德责任与义务，这种道德责任与义务就是依据客观需要而存在的，体现了道德存在与客观需要之间的契合。对于行政人员而言，其道德存在与所在岗位、职务所包含的责任与义务也是相互契合与统一的，最终将行政的、法律的责任都转化为道德的责任。道德存在是可以通过制度安排来实现的。当制度进入一个稳定的发展时期，社会理性会逐渐明朗化，群体理性和职业理性都有着明确的内容，人的道德存在也便有了显著的地位。制度设计应该考虑人们之间的伦理关系，建构起道德的制度，才能促进道德理性向道德存在转化；反之，则并未给道德存在提供发挥作用的空间。如在传统社会向现代社会转变的“祛魅”的过程中，用工具理性建构起的相关制度虽提高了工作效率，但与价值理性相互冲突，不利于道德存在的转化。所以，进入后工业社会时期后，当服务行政模式出现时，社会治理的主体会自觉挖掘和努力塑造确定性的道德理性，并建构起道德制度，将道德理性转化为道德存在。

良心是人的道德存在的核心内容，也是道德存在的最高表

---

① 张康之. 论伦理精神［M］. 南京：江苏人民出版社，2010：203.

现形式。在人的道德存在系统中，良心是内核，良心生成义务感、责任心，以及全部的道德观念、道德情感、道德意志和道德信念，而所有这些存在形态的外向作用过程，都会以人的道德行为的形式表现出来①。尽管良心是以道德直觉和道德冲动的形式表现出来的，但从根源来看，都是道德理性在个体身上造就与形成的，是道德理性的升华。人的道德存在的自我判断、自我约束都可以通过良心来完善。良心可以作为人的行为选择的依据和对自我行为进行自我判断、自我评价的标准，从而自觉地对自我行为进行约束和限制。良心也是行政人员自为的道德存在，不仅能使他们准确地满足客观需要及责任，还能使他们依据客观需要和责任做出正确的行为选择。所以，良心是行政人员对公共管理的行为体系及他人做出道德评价的依据，行政人员既可以凭借良心做出满足公共利益要求的行政行为，也可以在公共管理活动中正确认识他人的行为，并对其做出道德评价，以防止在公共管理活动中发生道德行为选择上的失误。

行政作风与行政道德有着密切的关系，它是行政道德的构成要素和外在显现，是行政人员对待行政责任、义务和良心的态度，也是行政责任、义务和良心在行政管理活动中的表现。行政人员作为社会治理活动的主体，在工作中将社会群体的道德理性及本身职业道德等转化为自身的道德存在，每个个体的道德存在与其岗位、职务包含的责任和义务相统一，实现自我完善，最终形成整体上一贯的行为风格，这便是行政作风。因此，行政作风实质上是行政人员及组织在行政管理活动中道德存在的外在表现。

人之所以具有抵御外界诱惑的能力，是因为拥有道德存在，

① 张康之. 论人的良心及其公用——兼谈公共管理者的良心［J］. 成人高教学刊，2003（6）：14-20.

是人的道德存在赋予了人抵御外界诱惑的能力①。良好的行政作风要求行政人员能抵御形形色色的诱惑，做出维护公共利益的行为，为此必须从根本上唤醒他们的道德存在。行政人员可以通过继承和学习获得道德品质，让良心生成责任心、使命感和义务感，从而自觉地对自己的行为进行道德评价，并将个人行为调适到符合客观需要的状态。行政作风体现的是行政人员及组织的道德品质，也是良心在行政管理活动中的反映。因此，良心既是人的自我道德评价的标准，也是道德的评价机制。良心使行政人员对自身的行为及后果做出自我评价和判断，使其内心得以满足，并影响身边的人自觉地依德而行。通过良心的自我制约作用，行政人员可以明确自己的职责义务，使道德能力最大化，做出正确的行为选择，满足公共利益的要求，纠正不良的行政作风。因此，行政作风建设要从道德存在出发进行制度设计与安排，行政人员要注重道德修养，使客观需要与责任义务相互契合，服务人民，维护公共利益，提高政府公信力。

### 三、政府道德化与行政作风建设

政府道德化是当今政府管理的重要组成部分，也是现代政府管理科学理论及其实践的必然产物。美国“水门事件”是政府官员不道德行为对政府管理提出挑战的典型实例，引发了各国对政府道德化的思考，推动了对政府管理道德的研究和建设。英国学者多曼·伊顿最早指出行政伦理的重要性，认为公务员作为公共事务的指导者，也应作为国家政治公正和道德风尚的检验标准和标志。其后，以弗雷德里克森和芬纳为代表的两派学者分别就政府官员的责任及监督方式展开争论，这也将政府道德化的问题推到前台，使越来越多的人重视政府管理的道德

---

① 张康之. 公共管理伦理学［M］. 北京：中国人民大学出版社，2012：177.

问题。罗尔斯的“正义论”将社会公平的价值观明确为公共行政的价值目标，奠定了政府道德化的基础。政府应当是政治、经济和道德的三位一体。行政人员也会像普通人一样受到价值观尤其是道德观念的影响，必然会把自己的价值观施加到政府管理行为中去。因此，道德贯穿政府管理过程始终，政府管理走向道德化的发展趋势有其必然性。然而，政府道德化的追求是诸多因素综合匹配的结果，既是历史发展和实际环境对其的要求，也是外在伦理因素对其的推动，更是自身内在发展的道德诉求。政府道德化主要表现为行政方式的转变推动政府道德化、市场经济的发展对政府道德化提出诉求，以及现代行政管理自身的转型直接推动政府道德化。

行政作风与政府管理道德有密切联系，是政府管理道德的构成要素和外在显现，真实地反映了政府管理道德化的状况。在行政管理活动中，行政作风指的是行政人员总体上的行政管理作风，把公共管理作为一种职业来看则是指行政管理行为作风。作为政府管理道德构成要素的行政作风，不单纯是个人风格意义上的作风，更是一种职业化或者体现行政管理职业特征的作风。所以，行政作风反映了对政府人员总体上的道德要求，一方面，它是政府中行政人员的行政管理行为作风；另一方面，它是政府这个组织的作风，是由政府管理制度、政府管理理念，以及行政人员伦理关系和道德状况所决定的从事公共事务管理活动的风格。政府管理道德化贯穿政府管理活动的始终，从管理者自身内在要求、政府管理的行为，以及政府管理体制和运行机制等方面全面实现政府管理道德化，对于行政作风建设具有重要的借鉴意义。

首先，行政作风是行政组织对外行政活动的综合表现。政府管理道德是政府管理人员在行使公共权力和从事公共事务中的道德准则，属于职业道德的范畴。政府管理人员是行政人员这个群体，他们的活动往往与政治权力紧密相连，且其在公共事务中的道德是非会在不同程度上影响各阶层的利益。因此，政府道德主体行为必须具有正当性与合理性。要保证政府管理主体行为的正当性与合理性，行政人员必须拥有责任感、义务感和道德良知，一切行政行为都应坚持道德的价值取向，公正地处理自身与政府、公众的关系。事实上，政府管理道德化的实现已成为行政人员及组织道德信念的一部分。行政作风也像任何一种职业作风一样，已不再是纯粹个人风格意义上的作风，它在整体上反映和体现行政道德的要求，表现行政职业的基本特征①。行政作风是行政组织对外行政活动的总体呈现，优良的行政作风必然要求行政组织从广大人民的利益出发，追求行政行为的正当性与合理性，改善行政组织与人民群众的关系。

其次，行政作风是行政管理活动道德规范的体现。在政府管理过程中，制定的法律制度、执行的治理政策、权力的运行机制等都必须有合理的道德规范。通过制度和体制的确立，建立一系列明确的道德规范，可以让政府管理人员确立正确的道德价值定位和价值取向，知道应当做什么和不应当做什么。制度和体制应对行政人员道德修养的提高有着激励和保障作用。作为政府管理道德的重要构成要素，优良的行政作风也需要行政管理制度及其机制的保障。制度及其机制的确立会建立一系列明确的道德规范，道德也会通过制度确定下来，这就是制度的道德性与道德的制度化的双向互动。制度的道德性可以将行政人员的行为纳入统一的社会道德秩序，为行政作风建设提供强有力的客观约束力。道德制度化则从道德认知上约束行政人

① 周泗琴．试析国家公务员的行政作风［J］．湖南行政学院学报，2001（2）：55-56.

员的价值选择，促成道德养成，明确其权利和义务，为行政作风建设明确价值导向。

最后，行政作风是行政人员自身内在要求的总体体现。行政人员在开展行政管理活动时必然拥有一定的行政权力，在行政活动中处于一种支配地位。行政权力既有正面效应，也有负面效应，行政人员用什么样的观念和态度来运用行政权力，以及如何处理公共事务中的各种关系及问题，会直接影响到政府的公信力。优良的行政作风要求行政人员将人民利益放在首位，并在行政管理活动中始终牢记人民的利益高于一切，全心全意为人民服务，真正代表人民的根本利益。同时，行政人员应不断提高自身道德修养，廉洁奉公，勤勤恳恳，既有全局意识，又能统筹兼顾，办事公正。

## 第二节　当前我国行政作风存在的主要问题

行政作风是行政人员素质、能力和形象的集中反映，直接关系到政府的形象，是政府公信力和执行力的直接输出形式。党的十八大以来，以习近平同志为核心的党中央高度重视作风建设，把党的建设和良好作风建设紧紧地联系在一起，健全改进作风常态化制度。党的十九大对进一步加强作风建设提出更高的要求，强调坚持“推进作风建设必须坚持以人民为中心”，持之以恒正风肃纪。党的二十大对新时期作风建设提出了新要求，强调“锲而不舍落实中央八项规定精神，抓住‘关键少数’以上率下，持续深化纠治‘四风’，重点纠治形式主义、官僚主义，坚决破除特权思想和特权行为”，“推进作风建设常态化长效化”。随着全球化、信息化时代的到来，公众的思想意识、道德观念及价值取向也都在经历一个深刻改变的过程，道德失范现象仍时有发生。新时代新起点，人民日益增长的美好生活需要更需要优良的行政作风作为保障，因此加强行政作风建设，必须大力发扬党的优良作风，驰而不息整治“四风”，健全改进作风常态化机制，以优良的党的作风促政风带民风。正如习近平总书记所强调的，纠正“四风”不能止步，作风建设永远在路上。

党的十五届六中全会通过了《中共中央关于加强和改进党的作风建设的决定》，报告中将作风建设概括为思想作风、学风、工作作风、领导作风和干部生活作风这五个方面。虽然这“五风”在实践中有不同的表现，但它们相互交叉，相互作用，相互联系，不可分割。另外，“这五个方面的作风或多或少都与公共权力有关，特别是工作作风与领导作风直接与公共权力行为密切相关”①。习近平总书记在党的群众路线教育实践活动工作会议中提出，作风建设集中解决形式主义、官僚主义、享乐主义和奢靡之风这“四风”问题。“四风”问题是对历史上长期遗留下的作风问题的主要概括，有着复杂的社会根源、思想根源和制度根源，“四风”也正是思想作风、学风、工作作风、领导作风和干部生活作风这“五风”的不良表现。这两者之间相互表现，无法脱离。现实中，行政作风问题多半具有多样性和杂糅性，因此，结合上述的思想作风、学风、工作作风、领导作风、干部生活作风“五风”和形式主义、官僚主义、享乐主义、奢靡之风“四风”问题来分析当前我国行政作风中存在的主要问题，相对比较全面。

1. 思想作风问题，主要表现为思想不纯、自私保守、不实事求是

思想作风是统领，摆在“五风”的首位，是行政作风建设

---

① 李卫华. 法治视阈中的作风建设［J］. 中共中央党校学报. 2014, 18（3）: 44-48.

的重要内容，也是学风、工作作风、领导作风和干部生活作风的基础。党的十八大以来，思想作风建设取得了显著成效，行政人员及组织朝好的方向发展，涌现出周永开、张桂梅等一批群众赞誉的好同志。然而，个别行政人员身上存在许多突出的作风问题，主要表现为思想不纯、自私保守、不实事求是。思想不纯主要表现为理想信念不够坚定，沉迷于个人主义、享乐主义。有的行政人员贪图政绩，不按客观规律办事，导致决策失误，造成严重浪费；有的行政人员追名逐利，只算计个人得失，甚至侵犯群众的切身利益，弄虚作假，欺上瞒下。自私保守主要表现为行政人员采取事不关己、不加闻问的态度，明哲保身，在日常的工作中不开展批评，不接受批评，甚至压制批评。不实事求是是思想作风问题的最典型表现。有些行政人员因循守旧，不思进取，工作中缺乏主动性，不考虑地方的实际情况，好大喜功，敷衍塞责。现实生活中发生的重大安全事故和食品安全事故，其主要原因往往就是行政人员缺乏责任意识，没有深入基层，脱离本职工作，不实事求是。

2. 学习作风问题，主要表现为主观主义和教条主义

学习作风是行政人员在学习方法和学习态度上所展现的风气。党历来非常重视学习作风建设，从马列主义的世界观和方法论，到毛泽东的理论联系实际学风思想，到邓小平的解放思想、实事求是，再到以习近平同志为核心的新一届领导集体注重创新培育途径、更新教育理念，都为学风建设提供了理论指导。目前，大部分行政人员学风优良，注重理论与实际相结合，不断更新教育理念，学有所思，学有所用。但是仍有少部分行政人员的学习作风存在问题，主要表现为主观主义和教条主义。主观主义表现为轻视学习，对学习缺乏兴趣，凭着自己的主观意识和经验办事，盲目自信。这导致学习活动流于形式，无法取得应有的效果。教条主义则表现为行政人员机械地照搬照抄

书本理论知识、上级文件和指示，不重视理论联系实际，对当地实际情况不进行调查，盲目决策。学习作风问题直接制约行政人员素质的提升，影响行政人员及组织的战略思维，从而影响其决策思路和水平，阻挠社会主义现代化建设前进的步伐。

3. 工作作风和领导作风问题，主要表现为官僚主义和形式主义

工作作风和领导作风是作风体系重要的组成部分，是党的十八大以来作风建设的主要内容和聚焦点。工作作风与领导作风两者之间具有双向度的关联性。工作作风是由领导作风衍生而来的，其实质是领导作风在具体工作领域内的一种展示①。反之，工作作风也会影响领导作风。因此，工作作风和领导作风问题有很多相似部分，相互交叉。官僚主义是长期存在的、复杂的社会现实问题，是封建社会遗留下来的历史问题。在现实生活中，官僚主义主要表现为不接触人民群众，不与群众同甘共苦；贪污，受贿，浪费；以权谋私，瞎指挥；等等②。极少数行政人员在工作中仍然保留官本位思想，高高在上，官气十足，脱离群众，不虚心接纳他人意见和建议，喜欢讲排场，相互攀比，甚至假公济私，助长歪风邪气。形式主义主要表现为少数行政人员缺乏全心全意为人民服务的热情，只是敷衍差事，不深入群众生活，不了解民情，不进行调查研究，责任下移，推卸责任，在工作中表态多、行动少、落实差，我行我素。在调查研究方面，有的单位搞形式、走过场，像打造旅游线路一样打造“经典调研线路”，无论什么调研主题，去的是同一条路线、访的是同一批对象、听的是同一套说辞，搞“大伙

---

① 张书林. 试析党的作风体系中的工作作风——基于党的工作作风与其他作风关系的视角［J］. 攀登，2014（2）：10-15.

② 宋希仁. 道德观通论［M］. 北京：高等教育出版社，2000：258.

演、领导看”的走秀式调研①。除此之外，还存在个人主义、自由主义等问题，个别行政人员在工作中无视组织的原则和纪律，自由散漫、擅离职守，对他人违反规定的行为视而不见，拉帮结派，给行政工作带来不良影响。

4. 干部生活作风问题，主要表现为享乐主义和奢靡之风

干部生活作风是行政人员在日常生活中表现出来的态度与行为，是其道德品行、思想观念等在生活中的综合体现。干部生活作风绝不只是涉及行政人员个体形象的问题，更是事关整个组织的整体形象，事关公信力。随着社会主义市场经济的快速发展，社会环境日益复杂，利益诱惑不断增加，干部生活作风问题日益凸显。个别行政人员巧立名目，挥霍公款，吃喝玩乐，讲排场，比阔气，铺张浪费，生活腐化，群众对此深恶痛绝。

## 第三节　优化行政作风建设的伦理路径探索

作风建设是一项长期的、复杂的系统工程，关系着政府的形象，关系着政府的凝聚力和向心力，是社会稳定和构建和谐社会的基本保障。在我国，行政作风建设已实施了一系列的重要举措，取得了显著成效，但现实中仍然存在行政作风问题。历史经验显示，传统的思想政治教育模式在行政作风建设中发挥着巨大的作用，但具有一定的局限性，它不能解决行政作风中所有的问题，更不可能用政治运动的方式从根本上解决行政作风问题。行政作风本质上是伦理问题，因此可以尝试从伦理途径来全面加强行政作风建设，以达到预期目的。随着全球化

---

① 中共中央纪律检查委员会，中共中央文献研究室．习近平关于党风廉政建设和反腐败斗争论述摘编［M］．北京：中国方正出版社，2015：77.

和信息化时代的到来，社会关系日益复杂化，给行政作风建设带来了挑战。此时，行政作风建设仅将行政人员个体寄托于道德这一社会价值的做法暴露出诸多问题，效果不理想，人们甚至开始质疑道德的社会整合能力。当前，我国正处于全面深化改革的新时期，在充满复杂性和不确定性的社会双重转型背景下，更需要加强行政作风建设。下面，笔者试从组织伦理、制度伦理、个体伦理三方面进行探索。

## 一、组织伦理建设

人们最开始关注组织伦理是因为它是组织文化中的一个重要因素，但是对组织伦理的概念至今没有一个统一的定义。当前，不少学者从伦理的角度系统研究组织的规范及准则，将组织伦理与企业管理联系起来。伦理道德是人类的本质需要，管理之中渗透着伦理，伦理必然存在于组织之中，所以学者一致认为组织伦理关系到组织的生存与发展。如理查德·T. 乔治以伦理角度为切入点研究企业的活动及其内外关系网，王小锡教授则把组织伦理看作企业在经济活动中完善员工素质并协调企业内外不同价值取向的行为规范。总体而言，组织伦理就是将人与人之间的关系扩展到人与组织、组织与组织之间的关系，是指在组织设计过程中所包含的伦理道德价值，也是组织所遵守和制定的伦理规则，是组织为实现正常的价值运转而制定的价值认定。

组织伦理是一种以道德规范为内容和基础的微观的道德文化。一方面，组织伦理是善恶标准，往往通过舆论和教育等方式，影响组织成员的心理和意识；另一方面，组织伦理也是行为标准，通过一系列的规章、习惯等成文或不成文的形式，调节组织和员工行为。因此，在任何一个组织中，组织伦理的表现虽有侧重，但都能体现出平等性、差异性、合法性、合理性等基本原则。同理，组织伦理是组织的一种能力，可以与行政管理联系起来，从伦理的角度来系统研究行政行为遵守的伦理准则及标准，使行政机关得到公众信任，从而实现服务社会的最终目标。

进入全面深化改革时期，党既要领导和推动全国范围的社会改革，又要使各项行政工作主动转变以适应社会改革。在执政中，党承担起新的历史使命和任务，充分发挥执政党的领导作用，将党的宗旨和原则贯彻于行政之中，逐渐形成有特色的行政作风。同时，行政组织的人员构成以党员为主体，优良的党风可以促进行政作风建设，两者的内容和要求在根本上具有一致性。尤其是党的十八大以来，以习近平同志为核心的党中央始终贯彻执行中央八项规定精神，把加强作风建设放在突出位置来抓，作出了一系列重大决策部署，作风建设取得了显著成效。因此，行政作风建设需要以执政党及其行政组织的组织伦理为切入点，在理论和实践中运用经验理性进行具体指导，在经验理性的审视和检验中扬弃、继承和弘扬优良传统作风，结合全面深化改革时期的特定时代要求，保留适应当前情境的内容指导行政行为，最终达到公众追求的一致和谐。

1. 加强政治建设，继承和弘扬党的三大优良作风

思想是行动的先导，加强行政作风建设的首要任务就是解决思想问题。只有加强政治建设，强化思想政治教育，将行政作风建设作为重点，才能整肃纲纪。依据我国单一制的国家结构形式，在总结历史实践经验的基础上，为适应社会主义市场经济的发展和改革开放的需要，建立了具有中国特色的公务员制度。其中，坚持党的基本路线和坚持党管干部的原则是重要的、具体的表现。优良的行政作风必须有严明的政治纪律和政治规矩，必须有严肃的政治生活和健康的政治文化。这要求行政作风建设要结合当前的党员主题教育，如党史学习教育和学

习贯彻习近平新时代中国特色社会主义思想主题教育等，加强思想政治教育，将政治建设融入行政人员日常学习和工作中，督促行政人员进行政治自省，把为人民服务作为行动指南。行政人员应围绕党管干部的原则，坚持党的领导，将政治信仰铭记于内心深处，将忠诚、担当的政治文化渗入一切行政活动中。同时，将行政作风建设与政治建设结合起来，运用网络培训、基地培训等各种教育资源，采用多种教育形式，积极开展行政作风建设培训；通过对照检查，及时发现作风建设的新问题，增强教育实效性；充分利用媒体宣传，将行政作风建设融入人们的思想观念中，引导行政人员牢记使命、规范行政行为。

中国共产党在长期的革命斗争和开展社会主义建设的实践中形成了许多宝贵的优良传统和作风，其中，理论联系实际、密切联系群众、批评与自我批评这三大优良作风是党的性质和宗旨的体现，也是党带领全国人民取得革命胜利和建设成功的重要法宝，值得行政人员继续保持和弘扬。理论联系实际是党一贯坚持的马克思主义学风，是党具有旺盛创造力的关键所在。理论联系实际的优良作风一方面要求行政人员不断增强政治理论学习和业务学习并以此指导实践，学会用马克思主义基本原理武装自己，不断改革创新，分析和解决工作实践中存在的矛盾与问题；另一方面要求行政人员注重将工作实践中的经验加以提升，不断总结经验，实现理论创新，为理论的科学指导增添新活力。密切联系群众的作风是党赢得民心、争取广大人民群众的拥护和支持的重要法宝。行政人员须继续发扬密切联系群众的优良作风，用实际行动来巩固和人民的血肉联系，建立密切联系群众的制度，在规范化、常态化机制运行中时刻倾听人民的呼声，回应人民的期待，让人民参与行政事务，始终坚持权为民所用、情为民所系、利为民所谋，贴近基层，满足人民的需求，赢得人民的信任和支持。批评与自我批评是党不断修正错误、改正缺点、完善自我的武器，是党实现自我净化和自我革新、提升凝聚力和战斗力的重要手段。行政人员要弘扬批评与自我批评这一优良作风，必须以模范精神的正能量为激励，以实际工作为出发点，对当前的思想和工作进行批评和反思，不断增强自身力量，提升影响力，从而抵御外界各种诱惑的干扰，赢得人民的信赖。

2. 坚定理想信念，以高标准要求自己

理想是信仰的对象，信念是理想得以实现的保证。理想信念体现了人们最高的精神追求和价值目标。坚定的理想信念是个人成长、国家发展和政党执政的精神支撑，中国共产党坚守理想信念，带领中国人民取得了革命的胜利和建设的成功。因此，坚定理想信念，坚守共产党人的精神追求，始终是共产党人安身立命的根本。对马克思主义的信仰，对社会主义和共产主义的信念，是共产党人的政治灵魂，是共产党人得以经受住任何考验的精神支柱①。随着信息化和全球化时代的到来，发展重任、社会主要矛盾等都发生了转变，但共产党人坚守理想信念的决心从未动摇，并将理想信念进行标准化、具体化。在关于检验党员干部是否具有坚定理想信念的问题上，习近平总书记提出四个“能否”，即能否坚持全心全意为人民服务的根本宗旨，能否吃苦在前、享受在后，能否勤奋工作、廉洁奉公，能否为理想而奋不顾身去拼搏、去奋斗、去献出自己的全部精力乃至生命②。在全国组织会议讲话中，习近平总书记又进一步提出六个“是否能”标准，这些都是检验理想信念的具体化标准，不仅适用于党员干部，而且适用于行政人员和人民群众，

---

① 习近平. 紧紧围绕坚持和发展中国特色社会主义学习宣传贯彻党的十八大精神［J］. 求是，2012（23）：3-8.

② 习近平. 习近平谈治国理政：第一卷［M］. 北京：外文出版社，2018：23.

成为检验理想信念的实践标尺。对于行政组织而言，理想信念必须贯穿于行政活动之中，以保证行政组织的服务宗旨，最终提高组织的行政能力和水平。坚定共产党的理想信念，有助于行政人员为人民服务的思想得到扩展，有助于行政人员坚持正确的政治方向，增强自我净化、拒腐防变的能力，以应对新时代的各种考验。

不同时期，党员的标准有着不同的要求和规定。党的十八大之后，习近平总书记着眼于全面从严治党，在不同场合围绕“做合格党员”提出一系列新要求、新标准，其核心内涵可归纳为“讲政治、有信念，讲规矩、有纪律，讲道德、有品行，讲奉献、有作为”。随着改革开放的不断深入，社会利益主体日益多元化，道德价值观念多样化，危机事件频发，为了赢得民众对政府的信任，行政组织对行政人员提出了更高的要求。首先，行政人员要不断加强学习，坚定理想信念，站稳政治立场，政治上清醒，思想上明确，行动上一致，将理论学习和实践意识统一，站在人民群众立场上思考问题和解决问题。其次，行政人员要严守各项规章制度和道德规范，增强纪律意识，提高自律自觉的能力，把纪律内化于心、外化于行。再其次，行政人员应继承发扬党的优良传统和作风，加强道德修养，严以律己，严以修身，在工作和生活中遵守各项准则。最后，行政人员应树立“全心全意为人民服务”的宗旨意识，维护好广大人民群众的利益，有担当精神，在工作实践中主动承担责任、敢为善为。

3. 不断创新改革，营造良好的行政组织伦理文化氛围

行政部门组织文化是组织文化在行政部门的具体表现，既有组织文化的一般特点，又兼具行政系统的文化特色①。行政

---

① 陈春花，段淳林. 中国行政组织文化［M］. 广州：华南理工大学出版社，2005：7.

组织文化是行政组织成员共同价值观的总体体现，也是区别于其他组织的个性标志。良好的行政组织文化可以让行政人员产生认同感和归属感，使其自觉效忠组织，同时可以塑造良好的伦理氛围，对行政活动进行理论指导。因此，良好的行政组织文化具有凝聚战斗力、指导和约束行政行为的功能，是行政组织健康发展必不可少的条件。对于中国共产党来说，党的作风（即基于政党核心理念、党员在政治活动中体现出来的比较稳定的行为特征）是构成政党组织文化的重要组成部分①。作为先进的政党，中国共产党的组织文化是在长期革命和建设实践中形成的，以党的优良传统为主要内容，能反映出组织愿景、组织核心价值观、组织精神、组织宗旨等方面内容的体系。因此，党的组织文化是以三大优良作风为主要内容，以实现共产主义为根本目标，以中国化马克思主义为核心意识形态的价值观体系。行政人员需坚持实事求是的思想路线，将民族精神与时代精神相统一，始终以全心全意为人民服务为宗旨，形成强有力的组织文化合力来增强党的凝聚力和战斗力，树立党的良好形象。

当前，为了给民众提供更优质的服务，不断满足广大社会成员日益增长的公共需求，行政组织进行了一系列的改革，如建立责任政府、服务型政府等。随着社会的不断发展，组织文化也需要改革创新以与之相适应。因此，行政组织要去掉那些影响组织健康发展的不正规的组织文化，为行政人员营造一个良好的氛围。行政组织不仅需要继承党的组织文化，保证其服务宗旨，而且应随着外在环境的变化对组织文化内容进行持续创新，培养出行政组织的公共服务价值观。行政领导在组织中

① 周建勇，朱华. 党的三大作风新探：一个组织文化角度的阐释［J］. 探索与争鸣，2014（8）：56-58.

起着重要的作用，其行为和价值取向对下属的行政行为有着直接的引导作用。因此，行政领导要以身作则，合理、正当地使用权力，充分发挥自身在创新组织文化过程中的模范角色作用。同时，行政领导应将组织的客观责任逐渐转化为行政人员的主观责任，鼓励行政人员的行为道德化，并将组织制度与文化相联系，关注组织的整体规划，在细节上体现组织文化，保证组织的伦理性，最终营造一个有利于激励行政人员积极性的组织文化氛围。

## 二、制度伦理建设

制度伦理主要是探讨制度的道德合理性。制度是大家共同遵守的办事规程或行动准则，是一定历史条件下形成的法令、礼俗等规范，具有一定的约束力，是人类的一种特殊社会建构和有目的的社会活动现象。如诺斯在《制度、制度变迁与经济绩效》中指出，制度提供的一系列规则由社会认可的非正式约束、国家规定的正式约束和实施机制这三个部分构成，且各部分相互整合，共同维护社会秩序。伦理作为指导行为的观念，是人际符合某种道德标准的行为准则。制度与伦理在植根基础上具有同源性，在内容构成上相互交叉，两者有内在相通性。所以，制度伦理既不是制度的伦理化，也不是伦理的制度化，而是对制度的伦理分析，其核心是揭示制度的伦理属性及其伦理功能①。制度建构的过程必然蕴涵着价值判断和价值选择，影响和规范着建制行为。制度伦理是建构制度的灵魂，规范着制度形成和制度安排，使外在强制性制度具有合理性而易被接受。制度也必须有制度伦理作为底蕴，通过制度伦理的价值判断、选择和取舍来实现对制度的约束。

---

① 高兆明. 制度伦理与制度“善”[J]. 中国社会科学，2007 (6)：41-52.

制度伦理是制度调节方式和道德调节方式的有机结合，其本质是依据不同的社会特征，使不同的制度伦理价值在制度体系中相互协调，运用制度、道德等多种手段，有效地发挥制度体系的综合作用和整体功能，从而构建和谐发展的社会。纵观历史，历朝历代的政府都十分关注制度建设，制度对行政人员的行为有着强制性的约束和引导作用，尤其在作风建设方面发挥着重要作用。要实现行政作风建设常态化，就必须通过制度建设来保障。众所周知，离开伦理谈制度建设会使得制度异化，离开制度谈伦理也无法真正发挥道德的社会统合作用，因此行政作风建设须更依赖制度伦理的规范和约束。制度伦理具有制度和伦理的双重特性，强调制度的道德性与道德制度化的双向互动，有助于建立科学规范的规则。制度的道德性可以将行政人员的行为纳入统一的社会道德秩序中，为行政作风建设提供强有力的客观约束力；道德制度化则从道德认知上约束行政人员的价值选择，促成其道德养成，明确其权利和义务，为行政作风建设明确价值导向。制度伦理从制度和道德两个方面对行政作风建设进行强化，将自律和他律相结合，遏制权力腐败，完善民主监督机制，健全规范制约权力的各项制度，建立行政作风建设长效机制，从而不断优化行政作风。

1. 合理设置思想道德标准，建立思想道德的有效识别机制

道德是思想行为所表现的，有一定标准的社会、风俗、习惯等，其认定考核标准没有可操作性的、细化的具体内容。因此，在实践中，对行政人员思想道德的相关规定也很难考量，难以发挥现实意义。行政人员的思想道德是其在工作、生活中所表现出来的稳定的、综合的道德品质。由于行政人员承担着公共事务管理的职能，故其思想道德具有一定特殊性，包括政治品德和个人思想道德两个维度。政治品德集中体现为忠于党、忠于国家、忠于人民。这需要行政人员发自内心的忠诚，体现

了对共产主义事业的信仰和对建设中国特色社会主义强国的信心，工作中将人民的利益放在第一位，是一种较高的思想境界和理想追求。在实际工作中，行政人员要爱岗敬业，忠于职守，严格按照制度规定办事，公平公正，尽职尽责。个人思想道德则体现在日常的所作所为中。行政人员作为政府行政政策的执行主体，其一言一行在公众眼里都代表着政府，直接影响政府的外在形象和公信力。一般而言，个人思想道德与政治品德密切相关，两者呈正相关，即只有个人思想道德良好的人才有可能成为政治品德高尚的行政人员。因此，行政人员的任用制度必须重视个人思想道德标准的认定，将个人在生活中的表现列入日常考核的范围。在实践中，可以通过制度设置，将思想道德要求落实到行政人员的日常工作和生活中，定性评价与定量评价相结合，既关注总体思想道德评价，又了解个体的具体情况，对行政人员的思想行为发挥约束和引导作用。如根据实际情况科学合理地明确行政人员的道德底线标准，这种标准既须体现要求，又要切实可行。制度蕴含的道德要求必须对行政人员的思想道德起着正向的引导作用，对那些具有优秀思想道德品质的行政人员给予肯定和激励，对触动道德底线的人员处以相应的惩罚，这样才能发挥制度伦理在思想道德建设中的作用。

要把“以德为先”的理念落实到行政人员的具体工作中，关键是对其思想进行有效判断和鉴别，这是件很困难的事。在我国，人民是国家的主人，也是行政人员个人思想道德考察认定的主体。因此，在对行政人员的考察过程中，应让群众广泛参与，只有倾听民声，尊重民意，才能全面真实地呈现出行政人员的思想道德现状，从而进一步防止和纠正用人上的不正之风。让更多的知情人参与进来，既有利于保障民众在选拔任用行政人员过程中的知情权、监督权等，赢得人民群众的信任和认可，又能处理好民主与集中的关系，让人民群众表达真实意愿，体现公正性。设置思想道德标准，公平公正地对行政人员的思想道德进行考核和评定，都是为了规范选人用人的决策机制。决策环节是体现权力属性的关键环节，这一环节的设置应尽量避免权力私有化的倾向，要把人民群众的要求和对行政人员的评定作为决策依据，加强决策民主化，规范决策程序，改进决策方式，规范领导的用人权，最终才能有效防止公权私用、以权谋私，筑造良好的思想道德防线，养成清正廉洁的作风，切实加强行政作风建设。

2. 完善信息公开制度，健全权力运行监督机制

信息公开制度是指相关行政机关及时、准确地将其在工作中获取的有价值的信息进行公开发布，增加政务的透明化，规范行政人员的行政行为，防止权力的滥用。这既能满足人民的社会政治生活需求，又能有效防止行政人员思想道德的腐化，改进行政作风。随着全球化和信息化的发展，尤其是大数据时代的到来，人民对信息的需求日益增长，信息公开制度也将迎来一系列的变革。媒体被西方国家喻为独立于议会、行政、司法的“第四种力量”，是对权力进行监督的一种重要形式。政府可以通过网络等各种传播媒介公开发布各种信息，人民群众也可以通过媒体反映自身的意念来传递消息，从而有效地监督领导干部的行为。近年来，通过媒体手段曝光并查处的大批违纪案件也证实了媒体对行政力监督功能日益凸显，行政人员的一言一行都在人民群众的监督之下。在当前形势下，可以利用大数据技术助力信息公开制度，完善信息公开渠道智能化建设，通过大数据技术精准分析公众需求，确保政府服务的高效化和精准化。同时，进一步完善行政人员的财产公开申报制度，规避和消除政府不道德行为，这也是国际通用的预防腐败的方法，可以从源头上遏制腐败。正如杰瑞米·波普在《制约腐败——

构建国家廉政体系》中指出的，若要有效地反腐败，必须建立一个透明且具有问责机制的国家廉政体系，该体系建设的重点在于预防腐败体制的建立，对政府寻租活动频发领域进行监控，保障公众的监督效果落到实处，而财产申报是最合适的制度选择①。

权力是把“双刃剑”，运用得好，可以造福社会和广大人民群众，如果被滥用，则会滋生腐败，贻害无穷。权力越大，诱惑也越大，一旦握有重权的行政人员经不起诱惑，便会走向道德败坏，腐化堕落，最终成为权力和欲望的奴隶。面对这种情况，国家不仅要强化行政人员的自我修养，还需要加强对权力运行的制约和监督。正如习近平同志在十八届中央纪委二次全会上指出的，“把权力关进制度的笼子里，形成不敢腐的惩戒机制、不能腐的防范机制、不易腐的保障机制”。作风建设永远在路上，健全权力运行机制和监督体系是推进作风建设常态化的关键之举，因此作风建设迫切需要加强权力监督。在设计任何体制和确定该体制中的若干制约、监控机构时，必须把每个成员都设想为“无赖之徒”，并设想其一切作为都是为了谋求私利，别无其他目标②。所以，无论行政人员的思想道德境界高低、自律意识强弱，建立一个严密的权力运行监督体系都是很有必要的。一方面，监督部门需要树立正确的监督理念，让行政人员有主动接受监督和依法依规行使权力的意识。针对权力运行的各个环节，都需要健全和完善监督机制，尽可能减少制度性障碍和漏洞，特别是针对重点人群、重点领域、重点环节的监督。在行使选拔任用干部权、行使审判权，以及在经

① ［新西兰］杰瑞米·波普. 制约腐败——建构国家廉政体系［M］. 清华大学公共管理学廉政研究室，译. 北京：中国方正出版社，2003：269.

② ［英］休谟. 休谟政治论文选［M］. 张若衡，译. 北京：商务印书馆，2010：27.

济方面行使财政资金使用、固定资产运营、金融资本运作、土地使用权出让等重要权利时，更要自觉接受监督，防止权力失控、决策失误和行为失范①。另一方面，政府应设立专门的道德监督机构，将非强制性的道德转化为以法律、制度为后盾的强制性约束，使道德监督日常化、常态化。行政作风出现问题是从思想道德出现滑坡开始的，其后就是一个逐渐积累的过程。设立专门的道德监督机构，就是对行政人员的思想道德状况进行及时监督和管理，起到防微杜渐的效果。如美国设立了专门的政府道德委员会，对违反公职人员道德操守的行为和个人进行监督和查处，并颁发《公务道德法》《美国政府行为道德法》等。我国虽也颁发了对应的准则，但并未上升到法律的高度，也没有充分发挥制度伦理的约束整合作用。

3. 完善干部选任制度，建立正常的淘汰机制

完善干部选任制度，坚持任人唯贤，是改进行政作风建设的组织保证。教条主义、本本主义的滋长，形式主义、官僚主义、享乐主义和奢靡之风“四风”的蔓延，这些作风问题相当程度上源于干部选任机制、监管机制的不健全。只有将领导干部队伍选好了，才能提高领导水平和执政能力，带动各方面的工作，满足人民群众的需求。在干部选任制度上，要用民主的方式进行选人用人，坚持公开、公正、择优的原则，认真研究选任的方法和特点，形成适用于不同职业、不同层次、不同岗位的选任机制。首先，树立正确的选人用人导向，突出政治标准是政府选人用人一贯的优良传统和优势所在。党的二十届三中全会审议通过的《中共中央关于进一步全面深化改革推进中国式现代化的决定》强调，鲜明树立选人用人正确导向，大力选拔政治过硬、敢于担当、锐意改革、实绩突出、清正廉洁的

① 沈小璇. 领导干部要以身作则带头保持纯洁性［J］. 求实，2012：49-51.

干部，着力解决干部乱作为、不作为、不敢为、不善为问题。其次，在选任制度管理上，突出科学化、公开化、制度化。明确民主推荐的形式和有效期，推荐的方式更加科学化，把公开选拔、竞争上岗、干部聘任制等作为重要方式，并以法规的形式固定下来，提升选任制度的公开性和透明性。最后，在选任制度的程序上，突出民主化和规范化。健全民主集中制的组织制度，落实人民群众对选任制度的知情权、参与权和监督权。通过规范民主推荐、考察、讨论、决定、任职、交流等一系列环节，使选任机制更加完善、程序方法更加规范，形成一个完整稳定的系统。

在传统“官本位”思想的影响下，仍有少部分行政人员安于现状，不思进取，因循守旧，缺乏竞争意识和创新意识，不担当不作为，做“太平官”“混事官”。因此，必须进一步加大人事制度改革力度，健全科学合理的用人机制，建立正常的淘汰机制，促进行政人员队伍结构优化和整体素质的提高。一方面，打破“只能上，不能下”的“铁饭碗”思想，树立优胜劣汰的思想观念。长期以来，许多行政人员形成了“只能上，不能下”的“铁饭碗”思想，面临“下”时无法理解和接受，甚至产生抵触心理。建立正常的淘汰制度，可使行政人员转变思想观念，以一种平常的心态对待“上”与“下”，从而培养竞争意识和危机意识，激发工作积极性和内在潜能，营造爱岗敬业、奋发进取的良好工作氛围。另一方面，严格执行相关制度，坚决淘汰思想道德败坏的行政人员。实践证明，有些行政人员出现的道德失范、贪污腐化等倾向仅仅依靠思想道德教育是远远不够的，只有加大惩治的力度，增加他们的违法成本，让违反道德的行为付出更大代价，才能使他们不敢以身试法。如坚决施行引咎辞职制度，加大对不称职公务员的考核力度，打击官僚主义，改进行政作风。要增强制度的刚性，完善行政人员的淘汰机制，畅通出口道路，对那些危害人民群众利益的行为和当事人进行惩戒，对那些道德品行不端、损害政府形象的行政人员予以淘汰，从而促进行政人员队伍结构优化，改进行政作风。

## 三、个体伦理建设

伦理是主观与客观、内在与外在的统一，是自由发展的更高阶段。黑格尔认为，主观的善和客观的、自在自为地存在着的善的统一就是伦理①。从道德实践的视角来看，行政伦理分为具有普遍性、外在的、反映管理水平的制度伦理，以及具有特殊性、内在的、反映主体个性道德行为的个体伦理。制度伦理是以法规、制度的形式对行政活动的道德诉求，个体伦理是行政主体以自觉、内省的方式对行政个体道德完善的伦理诉求②。一方面，制度伦理为个体伦理提供保障和支持，两者之间密不可分、交互作用，共同构成行政伦理的张力；另一方面，个体伦理规范水准的高低直接影响着制度伦理的实现与否。

个体伦理强调行政主体的自觉内省，这可以追溯到古代的人性假设说。自古以来，“性善论”思想占据着主导地位，人们认为人生来就具有“善端”。纵观中国几千年的历史，传统文化的主流思想以儒家思想为主，提倡“人性本善”的理念，强调治国、行政都应以德治为主。因此，中国人对行政人员的个体伦理建设的期望值向来都很高。儒家历来主张官员应具有完美的品德和人格，从而可以用最仁慈的方式来满足百姓的需要。因此，在封建社会中，官员的品德和人格起着重要的作用，

---

① ［德］黑格尔．法哲学原理［M］．范扬，等译．北京：商务印书馆，2021：12.

② 教军章．行政伦理的双重维度——制度伦理与个体伦理［J］．人文杂志，2003（3）：22-28.

社会对官员的认同和民众对他们的崇拜成为国家治理的重要支柱。我国从古至今一直有着浓厚的“清官情结”，认为主体的身心修养是为官的根本，官员通过自觉内省的方式来提高个体道德修养，培养完美的人格和高尚的品德，从而实现以德治国。由此可知，加强个体伦理建设、提高行政人员的道德修养有着深厚的文化渊源和理论基础。随着全球化、信息化时代的到来，传统与现代、落后与先进等价值观念的碰撞与冲突使一些行政人员受到影响，其处于个体道德理性困惑与迷茫状态。在行政作风建设中，在强调法规、制度发挥作用的同时，还须加强个体伦理建设，使个体具备道德自主能力，培养坚定的道德信念，塑造出完美的道德人格，只有这样才能从根源上彻底根治行政人员道德沦丧及随之出现的各种问题。

1. 强化自我学习与约束，增强行政人员道德的内在修为

随着社会主义市场经济的发展，西方外来思想渗入，私人利益和公共利益不断分化，多元价值观的诱导成为权力寻租的温床，少数行政人员因内在道德修养问题，为一己私利，损害人民和国家的利益，行政伦理失范现象频发，甚至出现个人犯罪行为。行政人员作为一个特殊的职业群体，其职权行为对社会具有普遍影响力，他们的内在道德修养格外引人关注，也是当下亟须解决的重要任务。增强道德的内在修养，行政人员必须养成自我学习与自我修养的习惯。加强自我约束，提升自我学习和自我修养的水平，这是优化行政作风建设的主要途径。

强化自我学习可以开阔行政人员的视野，提高行政人员的认识水平，使其在学习求知中不断提高内在修养，塑造崇高品格，改进行政作风。行政人员应充分认识到学习的重要性，积极主动投入学习中。认真学习是行政人员加强思想修养的基础和前提，只有认真学习马列主义、毛泽东思想、邓小平理论、“三个代表”重要思想、科学发展观、习近平新时代中国特色

社会主义思想等理论知识，行政人员才能牢固树立正确的世界观、人生观和价值观，具备坚定的政治立场，坚持为人民服务的宗旨，永葆先进性和纯洁性，提高道德修养；只有认真学习科学文化和专业知识，行政人员才能深刻把握社会主义市场经济的内在要求和规律，科学认识和分析现代公共管理中的各种错综复杂现象，提高业务能力，优化知识结构，增强创新能力，用战略的眼光、从科学发展的角度驾驭市场，维护好人民的利益，最终保证政治、文化和社会的健康发展。同时，行政人员要认真学习法律知识，提高法律意识和依法办事的能力，在工作中践行法治原则，减少行政干预，在法律允许的范围内驾驭和运用各种措施，最大限度保障人民的合法权利。

行政人员不仅要认真主动地学习理论知识、专业知识和法律知识，还需要进行自我管理、自我控制、自我监督，提升自我约束。行政人员提升自我约束，可以提高其自身道德修养，筑牢思想道德防线的意识，将良好的道德意识内化到具体的行政活动中，避免出现伦理失范现象。行政人员可以通过坚持做到自重、自省、自警、自励，以及通过反躬自问、自我警示、严格自律、自我激励的方式来强化内在约束。同时，可以通过宣传先进人物事迹，树立职业道德榜样，用模范行为影响其他行政人员和社会风尚。行政人员必须做表率，成为社会主义道德的实践者和传播者，以自己的模范行为感染和影响民众。同时，有关部门要对道德失范的行政人员给予警示，行政人员要接受民众的监督，加强自我监督。对于行政人员，道德建设与作风建设是紧密结合的，以道德修养的提高促进作风转变，以作风建设提高道德境界，努力把道德修养的成果体现在作风建设的成效上，形成优良的行政作风，同时以优良的行政作风促进全社会良好风气的形成。

行政人员自我学习和约束是为了不断提高自我修养，提升道德品质和综合素质，培养责任意识和权力观念，提高职业道德水平，塑造良好形象，增强政府的公信力。增强自我修养，主要表现为提升党性和道德修养，不断对自身的缺点进行自我剖析，进而提升个人内在修为。党性修养是指党员在政治、思想、道德品质和知识技能方面进行自我教育、自我改造、自我完善，是党的本质属性在党员身上的内化，包括政治理论修养、思想作风修养、道德品行修养等。行政人员掌握着人民赋予的公共权力，管理着行政事务，要始终敬畏权力、用好权力，始终坚持全心全意为人民服务的宗旨，用正确的思想和道德观念指导实践，用高标准要求自己的工作作风，自觉加强自身的党性修养。行政人员通过党性锻炼与党性修养，提高自我完善、自我革新的能力，坚定理想信念，坚持忠诚奉献的精神，提升为人民服务的道德品质。道德修养集中体现为个人在工作、学习和生活中的道德水平和行为品行。行政人员的道德修养强调的是他们在公共事务中所表现出的自觉性和主动性，主要表现在勤政爱民方面。行政人员提升道德修养，有助于提升公仆意识，改进工作作风。行政人员要坚持群众路线，扎扎实实为群众办实事，将人民群众的利益作为最高价值标准，一切为了群众，一切依靠群众。同时，行政人员要想成为社会主义的道德楷模，需要提升道德修养。行政人员作为人民利益的代表者和维护者，要用自身的道德品行影响、引导、感染人民群众，自觉抵御各种不良诱惑和不正之风的侵蚀，促进良好社会道德氛围的形成。

2. 加强行政人员道德修养的外在保障，构建道德建设长效机制

内在修为固然重要，但也离不开外在动力的推动与支撑，只有内在修为与外在保障两方面结合起来，才能产生源源不断的持久动力。随着信息化时代的到来，社会的复杂性和不确定

性陡然剧增，特别是中国正处于双重社会转型时期，行政人员在纷杂的外部环境之中更需要提升自身的道德修养，在个人与社会之间维持内在关系，建立起系统、完善的综合措施，构建起道德建设的长效机制。

首先，加强思想道德教育，实行党内教育制度化。对行政人员进行思想道德教育，主要是对他们进行思想上的道德教育和实践活动中的道德引导，从而使其提高道德认识水平、养成良好道德习惯，最终达到提高道德修养的目的。在日常的教育过程中，应顺应时代的发展，不应局限于传统的传授式教育，应以大量的真实案例进行感召，让行政人员体验不同的角色，明确自身的使命，意识到道德修养的必要性。同时，行政人员还需要系统学习党的经典理论和路线、方针、政策等内容，重视新政策的解读和理解，力求紧跟形势变化进行公共事务管理。党内教育的对象广泛，应采取相对灵活的教育方式，不仅可以利用传统党内教育的载体进行教育，还可以通过网络等现代化新媒介进行传播。这样既节约了资源，教育效果也更为直观，更具有吸引力和感染力。

其次，制定相关法律，健全管理监督机制，加强制度化建设。我国施行的《中华人民共和国公务员法》中并没有明确的关于职业道德修养规范的相关处理办法，对行政人员行为的规范和限制也缺乏直接的针对性和可操作性，因此有必要制定一部针对行政人员的规范化道德行为的法律，建立完善的评价体系。制定适用于行政人员的规范化道德行为的法律，是将重要伦理道德规范上升为法律条款，规定严格的范围，将政治品德、职业道德、社会公德等各方面都纳入其中，通过调查确定其影响力，以此作为行政人员道德失范行为的定性标准。还应通过行政人员自我评价、单位系统内部评价、年度考核等方式完善评价体系，同时通过奖惩机制奖励模范，惩治道德失范行为，强化相关法律的约束力。考核制度是提高行政人员道德水平的重要保证，必须严格界定考核原则、考核主体，并建立规范化的道德数据库，采用科学化的方式进行管理。对行政人员的监督主要表现为党内监督、群众监督和媒体监督，应全方位对行政人员的道德水平进行监督，使其提高领导水平和执政水平，从而更好地服务人民。

最后，净化行政文化，营造良好的道德环境。行政人员的道德规范不仅是后天约束的成果，也是在一定的行政文化环境中形成的。特别是随着市场经济的迅速发展和外来文化的入侵，利己主义、拜金主义等多种价值理念冲击着现有的道德价值观念与秩序。掌握行政权力的行政人员在诱惑面前应时刻以行为规范警醒自己，以公平正义、公共责任为目标，对工作进行合理规范。行政文化渗透于行政人员的日常工作中，优秀的文化和品德会潜移默化地影响行政人员，同时能强化其内在的道德修养。行政人员道德水平建设离不开政治制度大背景和社会大环境，因此，营造良好道德环境，既包括营造良好的政治氛围，也包括营造和谐的社会道德环境。营造良好的政治氛围，需要对行政人员的职位、责任和义务进行明确，明确其职能范围，进一步强化政府的公共服务职能，建立科学民主的决策机制，真正做到为人民服务，得到人民的支持和信任。行政人员要能抵御诱惑，不仅需要以内在道德修养约束自己，还需要一个和谐的大环境作为支撑。因此，全社会需要树立正确的价值观，引导形成崇尚高尚的道德品质，提高社会公德意识；鼓励民众积极参与和监督政府决策的制定，发挥舆论导向作用，对行政人员的道德行为给予表扬，对其不道德行为予以批评。

# 参考文献

## 专著

[1] [古希腊] 亚里士多德. 政治学 [M]. 吴寿彭，译. 北京：商务印书馆，1965.

[2] [英] 洛克. 政府论：下篇 [M]. 叶启芳，等译. 北京：商务印书馆，1999.

[3] [法] 让·博丹. 主权论 [M]. 李卫海，钱俊文，译. 北京：北京大学出版社，2008.

[4] [德] 哈贝马斯. 在事实与规范之间：关于法律和民主法治国的商谈理论 [M]. 童世骏，译. 北京：生活·读书·新知三联书店，2014.

[5] [德] 马克思，恩格斯. 马克思恩格斯选集：第二卷 [M]. 中共中央马克思恩格斯列宁斯大林著作编译局，编. 北京：人民出版社，1961.

[6] [美] 乔治·弗雷德里克森. 公共行政的精神 [M]. 张成福，等译. 北京：中国人民大学出版社，2003.

[7] [美] 文森特·奥斯特罗姆. 美国公共行政的思想危机 [M]. 毛寿龙，译. 上海：上海三联书店，1999.

[8] [美] 亨廷顿. 变化社会中的政治秩序 [M]. 王冠华，等译. 上海：上海人民出版社，2021.

[9] [美] 弗兰克·J. 古德诺. 政治与行政 [M]. 北京：华夏出版社，1987.

[10] [美] 珍妮特·V. 登哈特，罗伯特·B. 登哈特. 新公共服务：服务，而不是掌舵 [M]. 丁煌，译. 北京：中国人民大学出版社，2010.

[11] [美] 安东尼·奥罗姆. 政治社会学导论：对政治实体的社会剖析 [M]. 董云虎，李云龙，译. 杭州：浙江人民出版社，1989.

[12] [美] F. W. 泰罗. 科学管理原理 [M]. 胡隆昶，等译. 北京：中国社会科学出版社，1984.

[13] [澳] 欧文·E. 休斯. 公共管理导论 [M]. 北京：中国人民大学出版社，2001.

[14] [德] 马克思·韦伯. 儒教与道教 [M]. 王蓉芬，译. 北京：商务印书馆，1995.

[15] [美] 丹尼尔·贝尔. 后工业社会的来临：对社会预测的一项探索 [M]. 王宏周，等译. 北京：商务印书馆，1984.

[16] [美] B. 盖伊·彼得斯，弗兰克·K. M. 冯尼斯潘. 公共政策工具——对公共管理工具的评价 [M]. 顾建光，译. 北京：中国人民大学出版社，2007.

[17] [美] 罗伯特·D. 帕特南. 使民主运转起来 [M]. 王列，赖海榕，译. 南昌：江西人民出版社，2001.

[18] [美] 罗伯特·B. 登哈特. 公共组织理论（第三版）[M]. 扶松茂，丁力，译. 北京：中国人民大学出版社，2003.

[19] [奥] 米塞斯. 官僚体制·反资本主义的心态 [M]. 冯克利，姚中秋，译. 北京：新星出版社，2007.

[20] [美] 特里·L. 库珀. 行政伦理学：实现行政责任的途径（第四版）[M]. 张秀琴，译. 北京：中国人民大学出版社，2001.

[21] [美] 法默尔. 公共行政的语言——官僚制、现代性和后现代性 [M]. 吴琼，译. 北京：中国人民大学出版

社，2005.

［22］［美］全钟燮. 公共行政的社会建构：解释与批判［M］.孙柏瑛，等译. 北京：北京大学出版社，2008.

［23］［德］哈贝马斯. 公共领域的结构转型［M］. 曹卫东，等译. 上海：学林出版社，1999.

［24］［美］布坎南. 自由、市场和国家——20 世纪 80 年代的政治经济学［M］. 吴良健，等译. 北京：北京经济学院出版社，1989.

［25］［新西兰］杰瑞米・波普. 制约腐败——建构国家廉政体系［M］. 清华大学公共管理学廉政研究室，译. 北京：中国方正出版社，2003.

［26］［英］休谟. 休谟政治论文选［M］. 张若衡，译. 北京：商务印书馆，2010.

［27］中共中央文献研究室. 毛泽东文集：第二卷［M］. 北京：人民出版社. 1993.

［28］中共中央文献研究室. 毛泽东文集：第三卷［M］. 北京：人民出版社. 1996.

［29］邓小平. 邓小平文选：第三卷［M］. 北京：人民出版社，1993.

［30］邓小平. 邓小平文选：第二卷［M］. 北京：人民出版社，1994.

［31］习近平. 习近平谈治国理政：第一卷［M］. 北京：外文出版社，2018.

［32］习近平. 习近平谈治国理政：第三卷［M］. 北京：外文出版社，2020.

［33］习近平. 习近平谈治国理政：第四卷［M］. 北京：外文出版社，2022.

［34］中共中央党史和文献研究院. 二十大以来重要文献选

编（上）［M］. 北京：中央文献出版社，2024.

［35］中共中央关于全面深化改革若干重大问题的决定［M］. 北京：人民出版社，2013.

［36］赵成根. 民主与公共决策研究［M］. 哈尔滨：黑龙江人民出版社，2000.

［37］张乾友. 公共行政的非正典化［M］. 北京：中国社会科学出版社，2014.

［38］夏勇. 人权概念起源：权利的历史哲学［M］. 北京：中国社会科学出版社，2007.

［39］丁煌. 西方公共行政管理理论精要［M］. 北京：中国人民大学出版社，2005.

［40］张康之. 公共行政学［M］. 北京：经济科学出版社，2010.

［41］彭和平，竹立家，等. 国外公共行政理论精选［M］. 北京：中共中央党校出版社，1997.

［42］张康之. 寻找公共行政的伦理视角［M］. 北京：中国人民大学出版社，2002.

［43］郭咸纲. 西方管理思想史（第二版）［M］. 北京：经济管理出版社，2002.

［44］张璋. 理性与制度——政府治理工具的选择［M］. 北京：国家行政学院出版社，2006.

［45］陈振明. 政策科学［M］. 北京：中国人民大学出版社，2003.

［46］何增科. 公民社会与第三部门［M］. 北京：社会科学文献出版社，2000.

［47］敬乂嘉. 合作治理：再造公共服务的逻辑［M］. 天津：天津人民出版社，2009.

［48］杨华峰. 后工业社会的环境协同治理［M］. 长春：

吉林大学出版社，2013.

［49］张康之. 公共管理伦理学［M］. 北京：中国人民大学出版社，2012.

［50］王永凤. 党的思想作风建设研究［M］. 北京：北京师范大学出版社，2014.

［51］夏春涛. 中国共产党怎样解决作风建设问题［M］. 南昌：江西人民出版社，2018.

［52］吴美华. 新时期党的建设的探索［M］. 北京：中国人民大学出版社，2008.

［53］张康之. 公共行政中的哲学与伦理［M］. 北京：中国人民大学出版社，2004.

［54］刘祖云. 行政伦理关系研究［M］. 北京：人民出版社，2007.

［55］陈春花，段淳林. 中国行政组织文化［M］. 广州：华南理工大学出版社，2005.

［56］宋希仁. 道德观通论［M］. 北京：高等教育出版社，2000.

［57］詹世友. 公义与公器——正义论视域中的公共伦理学［M］. 北京：人民出版社，2006.

［58］张康之. 论伦理精神［M］. 南京：江苏人民出版社，2010.

**期刊**

［1］ROMZEK B S，INGRAHAM P W. Cross Pressures of Accountability：Initiative，Command，and Failure in the Ron Brown Plane Crash［J］. Public Administration Review，2000，60(3)：240.

［2］HERMAN F. The Hoover Commission Reports：Part Ⅱ

(b) Intradepartmental Efficiency and Interdepartmental Integration [J]. Political Science Quarterly. 1949, 64 (4): 579-595.

[3] NORTON E L. Bureaucracy and Constitutionalism [J]. The American Political Science Review, 1952, 46 (3): 808-818.

[4] COOPER T L. Hierarchy, Virtue, and the Practice of Public Administration: A Perspective for Normative Ethics [J]. Public Administration Review, 1987, 47 (4): 320-328.

[5] 广州大学人权理论研究课题组. 中国特色社会主义人权理论体系论纲 [J]. 法学研究. 2015 (2): 56-79.

[6] 叶传星. 论人权的国家治理功能 [J]. 人权. 2015 (3): 34-56.

[7] 李龙, 任颖. 论国家治理与人权保障 [J]. 武汉大学学报 (哲学社会科学版). 2014 (5): 85-91.

[8] 杨海坤. 人权保障是推进国家治理体系和治理能力现代化的基础和目标 [J]. 人权. 2014 (5): 15-17.

[9] 张文显. 法治与国家治理现代化 [J]. 中国法学. 2014 (4): 5-27.

[10] 李云耘. 政治—行政二分的起源与国家治理现代化 [J]. 福建行政学院学报. 2017 (3): 20-29.

[11] 吕志奎. 从二分走向整合——“政治与行政二分法”的反思与超越 [J]. 电子科技大学学报 (社会科学版). 2012 (3): 1-8.

[12] 刘铁明. 泰勒科学管理思想研究的回顾与思考 [J]. 湖南财政经济学院学报. 2012 (136): 143-149.

[13] 李新春, 胡晓红. 科学管理原理: 理论反思与现实批判 [J]. 管理报. 2012 (5): 658-670.

[14] 伍俊斌. 马克思韦伯合法性思想评析 [J]. 哈尔滨工业大学学报 (社会科学版). 2011 (6): 68-72.

[15] 江必新. 论形式合理性与实质合理性的关系 [J]. 法治研究. 2013 (4): 3-10.

[16] 彭新武. 官僚制: 批判与辩护 [J]. 福建论坛 (人文社会科学版). 2009 (5): 60-67.

[17] 王伟. 马克思·韦伯官僚制理论的特征与启示 [J]. 长春师范大学学报. 2017 (3): 41-43.

[18] 李泉, 孙宗锋. 当代官僚制范式观的误读与超越 [J]. 中国行政管理. 2014 (5): 83-87.

[19] 张康之. 论政府从官僚制向合作制的转变 [J]. 江苏行政学院学报. 2013 (3): 96-103.

[20] 宋敏. 哈贝马斯社会交往理论合理性与公共领域的建构 [J]. 求索. 2015 (3): 88-92.

[21] 余瑶. 当代中国政府工具选择刍议 [J]. 四川行政学院学报. 2006 (4): 18-21.

[22] 汪锦军. 纵向政府权力结构与社会治理: 中国 "政府与社会" 关系的一个分析路径 [J]. 浙江社会科学, 2014 (9): 128-139.

[23] 王刚, 贺海峰. 创新社会治理中的政府与社会互动关系研究 [J]. 学术界, 2017 (2): 75-86.

[24] 汪锦军. 合作治理的构建: 政府与社会良性互动的生成机制 [J]. 政治学研究, 2015 (4): 98-105.

[25] 刘俊杰. 社会治理中政府与社会共治机制的构建 [J]. 科学社会主义, 2016 (5): 117-121.

[26] 张长东. 国家治理能力现代化研究——基于国家能力理论视角 [J]. 法学评论, 2014 (3): 25-33.

[27] 郑家昊. 论政府类型从 "统治" 到 "管理" 的转变 [J]. 天津行政学院学报, 2013 (3): 11-19.

[28] 洪彬. 廉政问责: 一个多维理论场域的证明 [J]. 福

建行政学学报. 2016 (2): 12-20.

[29] 张康之. 现代民主理论的兴起及其演进历程——从人民主权到表达民主再到写协商民主 [J]. 中国人民大学学报. 2011 (5): 58-68.

[30] 翟小波. 人民主权原则的规范逻辑与实践技艺——以卢梭的《社会契约论》为根据 [J]. 北大法律评论. 2010, 11: 146-175.

[31] 郭丽兰. 继承与超越: 马克思与卢梭民主观比较研究 [J]. 广东行政学院学报. 2012 (6): 50-54.

[32] 霍伟岸. 洛克与现代民主理论 [J]. 中国人民大学学报. 2011 (1): 84-93.

[33] 张国旺. 宪法宣誓、人民主权与执政党的政治伦理 [J]. 环球法律评论. 2016, 38 (6): 23-35.

[34] 傅红冬, 卢春雷. 马克思主义经典作家论域中的"政治规矩" [J]. 南京政治学院学报. 2017 (3): 16-19.

[35] 张志泉, 陈嵩. 我国宪法宣誓制度的构建与完善 [J]. 国家行政学院学报. 2016 (4): 72-76.

[36] 竺乾威. 新公共管理与文官制度改革 [J]. 江苏行政学院学报, 2013 (4): 91-97.

[37] 任剑涛. 重申人民主权: 国家权力的结构改革 [J]. 江苏行政学院学报. 2012 (2): 90-97.

[38] 党秀云. 论民主治理的社会基础 [J]. 中国行政管理. 2015 (5): 17-22.

[39] 张康之, 程倩. 民主行政理论的产生及其实践价值 [J]. 行政论坛. 2010 (4): 21-25.

[40] 公维友, 刘云. 西方民主行政的演变与规律探析 [J]. 东岳论丛. 2014 (3): 132-136.

[41] 朱迪俭. 公共行政中的三维责任体系: 理论与实践

[J]. 深圳大学学报（人文社会科学版）. 2014（5）：63-69.

[42] 顾肃. 民主治理中的责任政府理念与问责制 [J]. 学术界. 2017（7）：70-78.

[43] 丹尼斯·A. 荣迪内利，贾亚娟译. 为人民服务的政府：民主治理中公共行政角色的转变 [J]. 经济社会体质比较. 2008（2）：115-123.

[44] 马秀玲，赵雁海. 代表性官僚制理论评书 [J]. 公共行政评论，2012（5）：116-151.

[45] 郭小聪，代凯. 中国民主行政模式建构 [J]. 政治学研究. 2016（1）：95-103.

[46] 张乾友. 公共行政研究中伦理思考的兴起 [J]. 道德与文明，2013（2）：99-105.

[47] 余敏江. 论统治行政的“权治”特性及其政治哲学基础 [J]. 社会科学研究，2011（4）：50-55.

[48] 张康之. 论开放性对社会治理的挑战 [J]. 福建行政学院学报，2015（5）：1-9.

[49] 张康之. 合作治理是社会治理变革的归宿 [J]. 社会科学研究，2012（3）：35-42.

[50] 余娴丽，俞慈珍. “马上就办、真抓实干”作风视域下政府治理效能优化路径探析 [J]. 福建省社会主义学院学报，2022（1）：4-13.

[51] 李启成. 个体伦理：新时期领导道德修养的路径选择 [J]. 内蒙古农业大学学报（社会科学版），2008（2）：167-169.

[52] 李东朗. 延安整风运动：党的建设的伟大工程 [J]. 中国党政干部论坛，2011（6）：18-21.

[53] 刘明芝. 毛泽东实事求是的思想路线及时代价值 [J]. 理论学刊，2018（2）：98-104.

[54] 李卫华. 法治视阈中的作风建设 [J]. 中共中央党校

学报. 2014, 18 (3): 44-48.

[55] 余敏江, 潘希. 服务行政的"公民"本位及其政治哲学基础 [J]. 学术界, 2010 (12): 61-69.

[56] 谢治菊. 服务型社会治理模式下行政伦理建设研究 [J]. 广西社会科学, 2011 (6): 100-103.

[57] 张康之. 基于人的三重存在理解人的利己与利他 [J]. 江海学刊, 2008 (1): 121-133.

[58] 张志刚. 政府管理的道德诉求 [J]. 江苏社会科学, 2008 (4): 139-144.

[59] 张曦. 政府管理的道德性分析 [J]. 辽宁教育行政学院学报, 2008, (11): 4-7.

[60] 赵红梅. 政府道德形象的塑造初探 [J]. 中国行政管理, 2009 (9): 53-55.

[61] 周建勇, 朱华. 党的三大作风新探: 一个组织文化角度的阐释 [J]. 探索与争鸣, 2014 (8): 56-58.

[62] 王珏. 组织伦理与当代道德哲学范式的转换 [J]. 哲学研究, 2007 (4): 97-102.

[63] 叶贵任, 陈燕玲, 欧阳航. 乡镇政府作风转变如何影响政府信任——官民关系与满意度的中介效应 [J]. 华南理工大学学报 (社会科学版), 2020, 22 (1): 109-118.

[64] 邓景文, 张怀承. 新时代党的作风建设理论探析 [J]. 湖南社会科学, 2024 (5): 59-64.

[65] 韩晓青. 为更高的共产党员的条件而斗争——重温刘少奇《共产党员标准的八项条件》[J]. 理论视野, 2018 (5): 66-69.

[66] 沈小璇. 领导干部要以身作则带头保持纯洁性 [J]. 求实, 2012: 49-51.

[67] 司甜. 制度伦理: 当代中国官德建设的缺失与重塑 [J]. 四川行政学院学报, 2015 (2): 17-20.